Guttentag'sche Sammlung
Nr. 43. Preußischer Gesetze. Nr. 43.
Text-Ausgaben mit Anmerkungen.

Gesetz,

betreffend

die Zulassung einer Verschuldungsgrenze für land- oder forstwirtschaftlich genutzte Grundstücke

vom 20. August 1906 (GS. S. 389)

nebst Ausführungsvorschriften und den Entschuldungsmaßregeln der Ostpreußischen Landschaft unter Benutzung der amtlichen Quellen bearbeitet und erläutert von

Dr. jur. R. Leweck,
Syndikus der Ostpreußischen Landschaft.

Berlin 1908.
J. Guttentag, Verlagsbuchhandlung,
G. m. b. H.

Vorwort.

Bei der großen Bedeutung, die für die gesamte Landwirtschaft das Entschuldungsproblem hat, darf erwartet werden, daß einer erläuternden Bearbeitung des Verschuldungsgrenzengesetzes und einer Darstellung der Ostpreußischen landschaftlichen Entschuldungsaktion vielfach Interesse entgegengebracht wird. Von dieser Erwartung geht die vorliegende Arbeit aus. Bei ihr sind die Begründung des Gesetzentwurfes, die Berichte der parlamentarischen Kommissionen, die Begründung der ostpreußischen landschaftlichen Entschuldungsvorlage von General-Landschafts-Direktor Geh. Ober-Regierungsrat Dr. Kapp und die landschaftlichen Berichte und Drucksachen sorgfältig benutzt worden. Auch die Literatur ist eingehend berücksichtigt worden. Vorausgeschickt sind als Einleitung Ausführungen über die Entstehung des Gesetzes und die Grundgedanken der ostpreußischen Entschuldungsaktion. Beigefügt ist ein eingehendes alphabetisches Sachregister.

Königsberg im Oktober 1908.

Dr. R. Leweck.

Inhaltsverzeichnis.

Anhang.

Quellen und Literatur.

Entwurf eines Gesetzes betr. die Zulassung einer Verschuldungsgrenze nebst Begründung. Drucksachen des Herrenhauses. Session 1905/06 Nr. 55 Anlagen.

Bericht der XII. Kommission, ebenda Nr. 89.

Stenographische Berichte über die Verhandlungen des Herrenhauses. Session 1905/06 S. 108ff., 279ff.

Stenographische Berichte über die Verhandlungen des Abgeordnetenhauses. 20. Legislaturperiode II. Session 1905/06, Bd. 3 S. 4142ff., Bd. 4 S. 5754ff.

Bericht der XVIII. Kommission des Abgeordnetenhauses, ebenda Bd. 9 Nr. 517.

Agrarkonferenz 1894, Verlag von Parey.

Dr. Felix Borchardt, „Verschuldung und Entschuldung der Landwirtschaft" in Schmollers Jahrbuch für Gesetzgebung usw. XXXII 1. Leipzig 1908.

v. Brünneck in Gruchots Beiträgen Bd. 29 S. 169ff.

Buchenberger in Zeitschrift für Staatswissenschaft v. Schaeffle, 1901 (Jahrgang 57) Heft 1.

Dade, „Gutachten in den Verhandlungen des 27. Juristentages, Bd. VII. Berlin 1904".

Gerlach, „Die Entschuldung des ländlichen Grundeigentums in Nr. 9 des Bankarchivs 1906/07".

— „Die Beschlüsse des Ostpreußischen Generallandtages über die Entschuldungsvorlage in Nr. 11 des Bankarchivs 1906/07".

v. Hattingberg, „Referat betr. die Frage der Hypothekarentschuldung, 3 Bd. Hofbuchhandlung Wilhelm Frick. Wien 1903".

Hermes in 5. Bd. des Handwörterbuchs der Staatswissenschaften unter „Landschaften".

Kapp, „Schreiben vom 6. 12. 1906 an die Ostpreußische General-Landschaftsdirektion, enthaltend die Begründung der Ostpreußischen landschaftlichen Entschuldungsvorlage" (Anhang 2).

Leweck, „Die Mündelsicherheit der nach der Ostpreußischen Entschuldungsvorlage auszugebenden Pfandbriefe und Meliorationsschuldverschreibungen in Bd. 7 des Bankarchivs 1907/08".

Mauer I, „Das landschaftliche Kreditwesen Preußens", Abhandlung aus dem Staatswissenschaftlichen Seminar in Straußberg, XXII 1907.

— II, „Die Verschuldungsgrenze für Bauerngüter in Preußen (1811—1843) in Archiv für Staatswissenschaft, XXIV Heft 3".

— III, „Die Bedeutung der Entschuldungsaktion der Ostpreußischen Landschaft für die Pfandbriefsinhaber in Nr. 1, Bankarchiv 1907/08".

— IV, „Die Mündelsicherheit der Ostpreußischen landschaftlichen Schuldverschreibungen in Nr. 3, Bankarchiv 1907/08".

— V, „Die Entschuldungsaktion der Ostpreußischen Landschaft, kaufmännisch betrachtet" in Schmollers Jahrbuch für Gesetzgebung usw. XXXIII, 3. Leipzig 1908".

Turnau, „Das Liegenschaftsrecht" Bd. I, II.

Übersicht über die Entwickelung der Frage über Entschuldung des ländlichen Grundbesitzes in Preußen von Dr. V. G.-B., Verlag Otto Thiele, Halle a. S.

Abkürzungen.

BGB. = Bürgerliches Gesetzbuch für das Deutsche Reich.
Begr. = Begründung des Gesetzentwurfs betr. die Zulassung einer Verschuldungsgrenze.
EGBGB. = Einführungsgesetz zum BGB.
Ent. = Entwurf eines Gesetzes betr. die Zulassung einer Verschuldungsgrenze.
Ges. = Ges. betr. die Zulassung einer Verschuldungsgrenze vom 20. 8. 1906.
GBO. = Reichsgrundbuchordnung.
JMAV. = Allgemeine Verfügung des Justizministers zur Ausführung des Ges. vom 22. 4. 1908 mit Anlage (JMBl. 17/08).
LMAB. = Ausführungsbestimmungen des Ministers für Landwirte, Domänen und Forsten zum Ges. vom 4. 4. 1908 (JMBl. 17/08).
LO. = Ostpreußische Landschaftsordnung vom 7. 12. 1891 (Ausgabe 1905).
Nacht. = I. Nachtrag zur LO. vom 23. 3. 1908 (Entschuldungsvorlage).
OE. = Ostpreußische Entschuldungsmaßregeln (Nacht.).
OL. = Ostpreußische Landschaft.
Pr. AGBGB. = Preuß. Ausführungsges. z. BGB. vom 20. 9. 1899.
Pr. AGGBO. = Preuß. Ausführungsges. z. GBO. vom 26. 9. 1899.
RHBG. = Reichshypothekenbankges. vom 4. 12. 1899.
Verordng. = Kgl. Verordnung über die Einführung des Ges. vom 23. 3. 08 (GS. S. 65).
ZwGes. = Ges. über die Zwangsversteigerung und die Zwangsverwaltung.
EGZwGes. = Einführungsgesetz zum ZwGes.

Einleitung.

Das EGBGB. scheidet die wesentlichen Teile des sog. Agrarrechts von der Regelung des BGB. aus und überweist sie der Landesgesetzgebung, darunter auch die Bestimmungen über Zulassung einer Verschuldungsgrenze für Grundstücke (Art. 117 Abs. 1, 218 EGBGB.). Über den Wert, den Nutzen oder Schaden einer Verschuldungsgrenze oder überhaupt von Verschuldungsbeschränkungen für den Grundbesitz hat in Preußen die Auffassung des Gesetzgebers geschwankt. Am Anfange des 19. Jahrhunderts ging die Regierung davon aus, daß es nicht im Interesse der Besitzer liege, wenn man ihnen das Schuldenmachen erleichtere. Es bestimmte daher das Edikt vom 14. September 1811 betr. die Regulierung der gutsherrlichen und bäuerlichen Verhältnisse, daß „die Bauerngüter nicht über 1/4 ihres Werts mit hypothekarischen Schulden belastet werden sollen." Auch die Deklaration dieses Edikts vom 29. Mai 1816 hielt an dieser Verschuldungsbeschränkung fest. Die Regierung wollte, daß der Bauer seinen etwaigen Geldbedarf im Wege der Grundbesitzveräußerung befriedige. Sie hat damit aber nicht nur die Parzellierung des ländlichen Grundbesitzes, sondern auch die Aufsaugung des kleineren Besitzstandes durch den Großgrundbesitz befördert und so eine ökonomisch zweckmäßige und sozial befriedigende Gestaltung der Grundeigentumsverhältnisse verhindert. Erst in den vierziger Jahren des 19. Jahrhunderts trat ein Umschwung in der Bodenkreditpolitik des Preuß. Staates ein, als in der Verordnung vom 29. Dezember 1843 die Verschuldungsbeschränkung für die Bauerngüter aufgehoben wurde. Seitdem ist die freie Verschuldbarkeit des Grundbesitzes geltendes Recht. Sie ist auch im BGB. insofern anerkannt, als in § 1136 eine vertragliche Festsetzung zwischen dem Grundstückseigentümer und dem Gläubiger dahin, daß das Grundstück nicht weiter belastet werden darf, für nichtig erklärt wird. Man ging bei der Aufhebung der Verschuldungsbeschränkung davon aus, daß gerade die Kreditlosigkeit den Bauernstand zugrunde richte und es geboten sei, ihm den Weg zur Kapitalbeschaffung zu erschließen, damit er nicht genötigt sei, sein Gut im ganzen an einen größeren Gutsbesitzer zu verkaufen oder zu parzellieren und dadurch in die Arbeiterklasse hinabzusinken[1]. In den letzten beiden Jahrzehnten hat es die Preuß. Staatsregierung wiederholt als ihre dringende Pflicht bezeichnet, dafür zu sorgen, daß namentlich dem kleineren Grundbesitz ein möglichst billiger ausreichender Realkredit zur Verfügung stehe und die Landschaften mit allem Nachdruck ersucht, darauf hinzuwirken, daß die bei den kleineren Besitzern

[1] Mauer I S. 110ff.

vorhandenen kündbaren, hochverzinslichen Privathypotheken durch unkündbaren Landschaftskredit ersetzt werden. Es sind eingehende Beratungen darüber eingeleitet, in welcher Weise eine erhöhte Nutzbarmachung des Landschaftskredits für den bäuerlichen Grundbesitz zu erreichen sei, auch ist vielfach die bestehende landschaftliche Organisation im Interesse dieses Besitzes weiter ausgebaut.[1]) Wiederholt sind auch langwierige Erörterungen von der Staatsregierung unter Zuziehung sachverständiger Landwirte, von Vertretern landschaftlicher Kreditanstalten und Landwirtschaftskammern über die Zweckmäßigkeit, Möglichkeit und Art der Einführung einer Verschuldungsgrenze gepflogen worden. Dieses Vorgehen wurde veranlaßt durch die ungünstige Lage des ländlichen Grundbesitzes. Eine stark steigende und um sich greifende Verschuldung machte sich in nachteiligen Folgen fühlbar und ergab sich unzweifelhaft aus den statistischen Ermittelungen. Sie war im allgemeinen auf vier Ursachen zurückzuführen, nämlich auf

1. die seit mehreren Jahrzehnten bestehende geringe Rentabilität des Landwirtschaftsbetriebes,
2. den häufigen Widerstreit zwischen Kauf- und Ertragswert und die dadurch so vielfach gegebene Belastung der Grundbesitzer mit hohen Kaufgeldern,
3. die nicht genügende Bevorzugung des Anerben gegenüber den Nebenerben und die Belastung des ersteren durch zu hohe Abfindungen der Nebenerben,

---

[1]) Mauer I S. 146.

4. die nicht ausreichende Benutzung eines organisierten, unkündbaren, amortisablen und hinreichend billigen Realkredits, wie ihn die Landschaften zur Verfügung stellen.

Bei der Staatsregierung wie in landwirtschaftlichen Kreisen und deren korporativen Vertretungen bestand die Überzeugung, daß aus diesen Ursachen die Verschuldung in manchen Gegenden eine Höhe erreicht hat, die bereits eine den wirtschaftlichen Ruin des Grundeigentümers bedeutende Überschuldung darstellt oder sich doch einer solchen nähert, und die eine Vornahme von Maßnahmen gegen eine weitere Verschuldung gebieterisch fordert. Unter diesen Maßnahmen kam auch neben Vorschlägen zur Beseitigung der vielfach vorhandenen Überschuldung die Einführung einer Verschuldungsgrenze zur Verhütung einer weiteren Verschuldung in Frage.

Der Idee der obligatorischen Verschuldungsgrenze wurde allgemein eine ziemlich ablehnende Haltung entgegengebracht. Man hielt sie für undurchführbar und befürchtete von ihr eine gewaltige Revolution in allen Grundbesitzverhältnissen und einen sofortigen Rückgang aller Grundstückspreise.[1]) Andererseits konnte man sich aber nicht der Überzeugung verschließen, daß jede Entschuldungsmaßnahme, welcher Art sie auch sein möge, nur dann eine innere Berechtigung und einen dauernden Wert für die Beteiligten und für die Allgemeinheit hat,

[1]) Agrarkonferenz 1894 S. 195.

wenn sie eine nachhaltige Abhilfe des zu beseitigenden Mißstandes erzielt, das heißt, wenn einer erneuten Überschuldung des Gutes zuverlässig und dauernd vorgebeugt wird.[1]) Aus diesen Erwägungen kam man dazu, die Verschuldungsgrenze als eine fakultative ins Auge zu fassen, indem man in Aussicht nahm, ihr dadurch Eingang zu verschaffen, daß denjenigen Besitzern, die sich ihr unterwerfen, in der Abbürdung ihrer Grundschulden Erleichterungen gewährt werden. Auf diese Weise wurde die Frage der Verschuldungsgrenze aufs engste mit der Frage der Schuldentlastung verknüpft. Die privaten Nachhypotheken dieser Besitzer, welche die Verschuldungsgrenze im Grundbuche eintragen lassen, sollten bis zu einer gewissen Grenze in amortisierbare, niedrig verzinsliche, unkündbare Anstaltshypotheken umgewandelt werden, deren Tilgung noch dadurch ganz besonders beschleunigt wird, daß zu diesem Zwecke die Amortisationsquote für das erststellige Darlehn mitverwendet wird. Bis zu welcher Grenze ein Entschuldungskredit gewährt werden könnte, und wie die Mittel zu dessen Gewährung zu beschaffen wären, darüber herrschte Ungewißheit und Unklarheit.

Einig war man nur darüber, daß in der ganzen Entschuldungsfrage billiges Geld und starke Amortisation die einzige Möglichkeit bleibt, um die Verschuldung herabzusetzen.

Die Träger des Entschuldungswerkes sollten die Land-

---

[1]) Begr. S. 210.

schaften oder ähnliche öffentlich-rechtliche Korporationen sein. Doch wurde in den landwirtschaftlichen Vertretungen fast allgemein angenommen, daß den Instituten, die sich in den Dienst des Entschuldungswerkes zu stellen bereit sind, die Übernahme des damit verbundenen Risikos nicht allein zugemutet werden kann, sondern ein gewisses Eintreten staatlichen Kredits oder wenigstens einer staatlichen Garantie unerläßlich und bei dem großen Interesse, das die Allgemeinheit an der Entschuldung des Grundbesitzes hat, auch gerechtfertigt ist. Daneben verstummten aber nicht die Stimmen, welche gegen die Einführung einer jeden Verschuldungsgrenze sich aussprachen. Sie fanden sie unvereinbar mit der wirtschaftlichen Selbständigkeit, auf der die Entwicklung der Landwirtschaft beruht. Sie versprachen sich auch von einer fakultativen Verschuldungsgrenze keine allgemeine Wirkung. Von ihr würde, wenn überhaupt, nur eine kleine Minderheit Gebrauch machen, während die große Mehrzahl sich stark genug fühlen würde, ohne Bevormundung den Besitz zu behaupten. Höchstens würden hochverschuldete Besitzer, deren Verschuldung bereits so hoch ist, daß eine Erhaltung ihres Besitzes ausgeschlossen ist, zu diesem letzten Mittel noch ihre Zuflucht nehmen wollen. Demgegenüber wurde die Verschuldungsgrenze damit begründet, daß eine hypothekarische Verschuldung des Bodens, wenn sie ein gewisses Maß überschreitet, den erfolgreichen Betrieb gefährdet oder ganz unmöglich macht und daß in der absoluten Verschuldungsfreiheit und der Bodenüberschätzung beim Kauf und Erbübergang eine innere Wechselwirkung besteht, die zu immer steigender Verschuldung des Bodens führt und die durch freiwilligen Verzicht auf die volle Verschuldungsfreiheit und Unterwerfung unter eine Verschuldungsgrenze gemindert oder ausgeschlossen werden kann.

Diesen Auffassungen der beteiligten Kreise sah sich die Staatsregierung bei Vorlage des Gesetzes gegenüber. Sie führt in der Begründung aus, daß ein festes Programm hinsichtlich etwa vorzunehmender Entschuldungsmaßnahmen sich zurzeit nicht aufstellen läßt und daher mangels jeglicher Erfahrungen auf diesem Gebiete vorläufig nur ein versuchsweises Vorgehen stattfinden kann. Dementsprechend beschränkt sich das Gesetz auf die Bestimmung, daß eine Verschuldungsgrenze ins Grundbuch eingetragen werden kann, ordnet die Form und Voraussetzungen des zur Eintragung erforderlichen Antrages, setzt die Wirkung der Eintragung der Verschuldungsgrenze für die Belastung und Zwangsversteigerung des Grundstückes fest und gibt schließlich Vorschriften für die Überschreitung und Löschung der Verschuldungsgrenze. Dagegen sieht es von der Regelung des Entschuldungsverfahrens selbst ab, gibt aber mit der Zulassung der Verschuldungsgrenze das Mittel, eine weitere Verschuldung zu verhindern und damit die Möglichkeit, eine starke, ununterbrochene Amortisation bestehender Schulden durchzuführen, ohne daß deren Wirkung durch Aufnahme neuer Schulden wieder beseitigt werden kann.

Die Regelung des Entschuldungsverfahrens überläßt das Gesetz geeigneten Kreditanstalten. Auch zieht es die

Kreditanstalten insofern zur Mitarbeit heran, als es die Verschuldungsgrenze dahin festsetzt, daß sie sich mit der Beleihungsgrenze der für das Grundstück zuständigen Kreditanstalt deckt. Für das von der Kreditanstalt einzuleitende Entschuldungsverfahren hebt die Begründung beachtenswerte Gesichtspunkte hervor.[1] Danach wird für die Entscheidung des Grundbesitzers über die Frage, ob er zu dem Zwecke eines Entschuldungsverfahrens seinen Besitz einer Verschuldungsgrenze unterwerfen soll, die Abwägung der ihm aus der Verschuldungsgrenze erwachsenden Beschränkungen gegenüber den durch die Entschuldung gebotenen Vorteilen ausschlaggebend sein. Worin diese Vorteile im einzelnen bestehen werden, hängt von der näheren Ausgestaltung des Entschuldungsverfahrens ab. Als dessen regelmäßige Voraussetzungen kommen in Betracht, daß dem Grundeigentümer ein unkündbarer billiger Kredit, und zwar in einer Höhe gewährt wird, die das im allgemeinen übliche Maß des Anstaltskredits übersteigt; daß ferner eine möglichst starke und zwangsweise Amortisation der abzustoßenden Schulden stattfindet, sowie endlich, daß nach Beseitigung der Überschuldung ihr erneutes Eintreten dauernd verhütet wird. Hiernach würde der Eigentümer, der seinen Grundbesitz einem Entschuldungsverfahren unterwerfen will, sich zunächst zur Übernahme einer Verschuldungsgrenze, d. h. zur künftigen Freihaltung des Grundbesitzes von unwirtschaftlichen Kreditbelastungen zu verpflichten haben.

[1]) Begr. S. 211.

Sodann würde ihm zur Abstoßung der die Verschuldungsgrenze übersteigenden Belastungen bis zu einem Betrage, auf dessen regelmäßige Verzinsung und Tilgung nach den Verhältnissen des Gutes und seines Besitzers mit Sicherheit gerechnet werden kann, von einer zu der Entschuldung bereiten Kreditstelle unter Übernahme der abzustoßenden Hypotheken das erforderliche Entschuldungsdarlehn wenn möglich unkündbar und auf Amortisation zu einem wesentlich geringeren Zinssatze, als die abzustoßenden Lasten gegeben werden müssen. Zur Amortisation dieser Entschuldungshypothek würden sodann unter Hinausschiebung der Amortisation der voreingetragenen Hypotheken auch die für diese zu entrichtenden Amortisationsbeträge und etwa bereits angesammelte Amortisationsfonds zu verwenden sein. Um dieses zu erreichen, ist es erforderlich, daß die Vorhypotheken mit der Entschuldungshypothek entweder in der Hand der entschuldenden Kreditstelle vereinigt werden, oder daß diese mit den Gläubigern der Vorhypotheken entsprechende Vereinbarungen trifft, und daß der Eigentümer auf sein Verfügungsrecht über den Amortisationsfonds seiner gesamten Hypothekenschulden der entschuldenden Stelle gegenüber verzichtet, und zwar mindestens bis zur Tilgung der Entschuldungshypothek, mit deren Abtragung das Entschuldungsverfahren sein Ende erreicht und die Amortisation der Vorhypotheken von neuem beginnt. Die Anwendung des Gesetzes hängt also zunächst davon ab, daß sich ein Kreditinstitut findet, das bereit ist, die Entschuldung durchzuführen. Dafür kommen aber wegen der schwierigen Aufgaben, die zu übernehmen sind, und wegen der damit verbundenen erheblichen Verantwortung nur öffentliche Kreditanstalten in Betracht, d. h. solche, deren Organe entweder unmittelbare Staatsbehörden sind, wie die der Rentenbanken, oder deren Verfassung der öffentlichen Rechtsordnung des Staates angegliedert ist und deren Leitung in den Händen mittelbarer Staatsbeamten ruht, vor allem die landschaftlichen (ritterschaftlichen) und die provinzial-(kommunal-)ständischen Kreditanstalten, und auch die öffentlichen Sparkassen. Die für die Ausführung zuständige Kreditanstalt wird durch Königliche Verordnung bestimmt. Diese bestimmt gleichzeitig den Landesteil, für welchen das Gesetz in Kraft tritt und welcher Kommissar bei Ausführung des Gesetzes nach dessen Vorschriften tätig werden soll. Von den in Frage kommenden Instituten hat sich als erstes und bis jetzt einziges die Ostpreußische Landschaft mit einem umfassenden Entschuldungsplan im Sinne des Gesetzes in den Dienst der Entschuldung gestellt. Die oberste Vertretung dieses Instituts, der General-Landtag der Ostpreußischen Landschaft, hat in seiner Tagung 1907 die sogenannte Entschuldungsvorlage beschlossen, die sodann als I. Nachtrag zum Statut der Ostpreußischen Landschafts-Ordnung vom 7. Dezember 1891 (Ausgabe 1905) durch Königliche Verordnung vom 23. März 1908 die landesherrliche Genehmigung erhalten hat. Daraufhin ist das Gesetz durch Königliche Verordnung vom gleichen Tage (B) in der Provinz Ostpreußen, sowie in den zum Kreise Rosenberg gehörigen ehemaligen Erbhauptämtern

Schömberg und Deutsch-Eylau der Provinz Westpreußen am 15. März 1908 in Kraft gesetzt und zugleich für dieses Geltungsgebiet

1. die Ostpreußische Landschaft als die für die Ausführung des Gesetzes zuständige Kreditanstalt,
2. der Oberpräsident der Provinz Ostpreußen als der in den Fällen der §§ 9, 11 des Gesetzes zuständige Kommissar bestimmt.

Mit dem I. Nachtrage zur Ostpreußischen Landschaftsordnung (E), der am 14. Mai 1908 in Kraft getreten ist, ist das Gesetz, das bisher den Stempel des Unvollendeten trug, für den Bezirk der Ostpreußischen Landschaft zu einer lex perfecta geworden. Die Ostpreußische Landschaft ist ein öffentlich-rechtliches Kreditinstitut, das auf ständischer und genossenschaftlicher Zusammenfassung des Grundbesitzes beruht, deren Reglement landesgesetzlichen Charakter hat und durch das BGB. unberührt geblieben ist (Art. 167 EGBGB.), deren Generaldirektion die Eigenschaft einer Behörde hat, deren Beamte mittelbare Staatsbeamte und deren Syndici zum Richteramt befähigt sind. Sie ist 1788 zur Verbesserung und Erhaltung eines dauerhaften Kredits der ostpreußischen Gutsbesitzer[1]) gegründet und erstreckt sich auf die Provinz Ostpreußen und die in der Verordnung (B) bezeichneten Teile des westpreußischen Kreises Rosenberg; ihr gehören als Korporation eo ipso alle aufnahmefähigen Besitzer an, d. h. alle, deren Grund-

---

[1]) § 1 LO.

stücke sich zu einer selbständigen Ackernahrung eignen und einen landschaftlichen Wert von mindestens 1500 Mk. haben. Die Zahl der beliehenen Güter, deren Areal über 60% der überhaupt landschaftlich beleihungsfähigen Fläche des Landschaftsbezirks ausmacht, beträgt 15281. Der Gesamtbetrag der von ihr ausgegebenen Pfandbriefe, der stets den für sie auf den Grundstücken ihrer Darlehnsschuldner eingetragenen Hypotheken gleich sein muß, beläuft sich auf über 420 Mill. Mk. Die von ihr ausgegebenen Pfandbriefe sind mündelsicher.[1]) Für sie haftet, nachdem die alten Pfandbriefe mit Spezialhypothek an dem Gut, für das sie ausgegeben wurden, nach und nach ganz aus dem Verkehr verschwunden sind:

1. die Landschaft selbst mit ihren Hypothekenforderungen und ihrem gesamten mehr als 10 Mill. Mk. betragenden Vermögen (Eigentümlichen Fonds);
2. die sogenannte Generalgarantie, der alle bepfandbrieften und alle bepfandbriefungsfähigen, adligen, köllmischen oder zu gleichen Rechten besessenen Grundstücke einschl. der staatlichen Domänen und Forsten im Landschaftsbezirk unterworfen sind.

Die Ostpreußische Landschaft ist im Gegensatz zu den meisten anderen älteren Landschaften die einzige, welche für den gesamten, in ihr vereinigten Grundbesitz einheitlich dasteht, also nicht in ein Institut für den ritterschaftlichen und eins für den bäuerlichen Besitz zerfällt. Ihre Pfandbriefe werden, nachdem die Spezialpfandbriefe

---

[1]) § 74 Nr. 3 Pr. AGBGB.

eingezogen sind, in einem einzigen Typ ausgegeben und sind durch die Generalgarantie der staatlichen Domänen und Forsten in umfassendstem Maße gewährleistet.

Der Entschuldungsplan der Ostpreußischen Landschaft hat außer der Eintragung der Verschuldungsgrenze, die Übernahme einer ununterbrochenen, verstärkten Schuldentilgungspflicht seitens des Besitzers zur Voraussetzung. Sind diese Voraussetzungen erfüllt, dann erweitert die Landschaft zum Zweck der Entschuldung unter ausdrücklicher Einschränkung auf diesen Zweck die bisherige landschaftliche Beleihungsgrenze von $^2/_3$ auf $^5/_6$ des landschaftlichen Taxwerts und läßt gleichzeitig zu, daß bei Festsetzung der Taxe der bisherige Zuschlag von 15 % des ausgerechneten Taxwerts auf 25 % erhöht wird. Außerdem gewährt sie zu Meliorationszwecken einen sogenannten Spannungskredit, der nach der Höhe und dem Zinssatze des bis $^2/_3$ gegebenen Pfandbriefdarlehns bemessen wird und durch in das Grundbuch einzutragende Erhöhung der Jahresleistung für dieses Pfandbriefsdarlehn auf 5 % verzinst und getilgt werden soll. Auch kann dieser Spannungskredit zu Entschuldungszwecken oder zur Ablösung eines Domänenzinses gegeben werden. Es handelt sich also nicht um eine allgemeine Erweiterung der Beleihungsgrenze, sondern um die vorübergehende Gewährung eines über die bisherige Grenze hinausgehenden Verwendungskredits, dessen Hergabe außerdem im Ermessen der General-Landschaftsdirektion liegt. Die Mittel zur Gewährung des $^5/_6$ Kredits sollen durch Ausgabe landschaftlicher

Pfandbriefe beschafft werden, während für den sogenannten Spannungskredit Ostpreußische landschaftliche Schuldverschreibungen ausgegeben werden, welche sowohl hinsichtlich des Kapitals als auch der Verzinsung von der Landschaft gewährleistet und durch die an gleicher Stelle wie das Pfandbriefsdarlehn einzutragenden Jahresleistungen, sowie durch eine an bereiter Stelle im Grundbuche einzutragende Sicherungshypothek gesichert werden. Für die in Schuldverschreibungen gewährten Kredite wird ein besonderer Reservefonds angesammelt, der bis zu 1 Mill. Mk. aus dem Eigentümlichen Fonds der Landschaft ergänzt wird, solange er noch nicht in dieser Höhe durch regelmäßige Zahlungen des Schuldners angesammelt ist. Bis zum Ablaufe der landschaftlichen Etatsperiode 1907/10 ist die Gesamtsumme der zur Gewährung der erweiterten Kredite auszugebenden Pfandbriefe und Schuldverschreibungen auf 10 Mill. Mk. beschränkt und eine Erhöhung dieses Betrages von der Zustimmung des Justizministers und Ministers für Landwirtschaft, Domänen und Forsten abhängig gemacht. Damit ist der ostpreußischen Entschuldungsaktion zunächst nur der Charakter eines Versuchs beigelegt.

Die Verwendung der Lebensversicherung als Mittel zur Entschuldung ist von der Ostpreußischen Landschaft von der Eintragung der Verschuldungsgrenze nicht abhängig gemacht. Die Lebensversicherung tritt an die Stelle der bisherigen Tilgung des Pfandbriefsdarlehns. Wer die Lebensversicherung nach den gestellten Bedingungen bewirkt, soll von der Zahlung der Tilgungsbeiträge frei bleiben. Der Besitzer muß der Landschaft die Rechte aus der Versicherung abtreten und bei ihr die Police niederlegen. Durch die Abtretung der Rechte an die Landschaft und die Niederlegung der Police bei ihr ist dafür gesorgt, daß das Lebensversicherungskapital dem Zwecke der Entschuldung nicht entzogen werden kann. Das Lebensversicherungskapital muß mindestens 25% des Pfandbriefsdarlehns, und die Jahresprämien müssen mindestens die Höhe der landschaftlichen Tilgungspflicht von ½% jährlich erreichen. Die Versicherung kann auf den Tod oder Erlebensfall, auf das Leben des Besitzers oder mit Genehmigung der Direktion auch auf das einer anderen Person abgeschlossen werden. In dieser Verbindung der Lebensversicherung mit dem Realkredit liegt eine weitere Maßnahme, welche der fortschreitenden Verschuldung vorzubeugen geeignet ist. Es handelt sich dabei aber nicht um eine Ausführung des zur Erörterung stehenden Gesetzes, da dies Mittel auch von dem Besitzer, dessen Gut nicht der Verschuldungsgrenze unterworfen ist, angewendet werden kann.

Die grundlegenden Bestimmungen der ostpreußischen Entschuldungsaktion, soweit sie sich auf das Gesetz stützen, lassen sich dahin zusammenfassen, daß die landschaftliche Beleihungsgrenze auf das fünfte Sechsel des Taxwerts ausgedehnt und damit die Verschuldungsgrenze hinter das fünfte Sechstel gesetzt wird, daß ferner zur Ablösung hochverzinslicher kündbarer Privathypotheken und zur Beschaffung billigeren Betriebskredits der Kredit der Landschaft zur Verfügung gestellt wird, indem für die weitere $^5/_6$-Beleihung die gleichen Pfandbriefe, wie für die $^2/_3$-Beleihung und für den Meliorationskredit den Pfandbriefen gleichartige Schuldverschreibungen von der Landschaft ausgegeben werden und außerdem der im Wesen des landschaftlichen Kredits liegende Tilgungszwang in verstärktem Umfange und mit Ausschluß der Unterbrechung durchgeführt wird. Mit diesen Vorschlägen geht die Ostpreußische Landschaft an die praktische Verwirklichung der für die deutsche Landwirtschaft wichtigsten Frage, der Bodenentschuldung, über die bereits Jahrzehnte hindurch theoretisiert ist, so daß die Befürchtung nahe liegt, es würde das Theoretisieren so lange fortgesetzt werden, bis es zu einer praktischen Beseitigung des vorhandenen Notstandes zu spät wird. Der Hauptwert in diesem Vorgehen liegt darin, daß zuerst einmal ein Weg beschritten wird, von dem aus weitere nutzbringende Erfahrungen gemacht werden können. Die Aktion ist ebenso für den Klein-, wie für den Mittel- und Großgrundbesitz geschaffen und trägt auch den Bedürfnissen des ersteren voll Rechnung.

Sowohl bei der Beratung des Gesetzes wie der Ostpreußischen Entschuldungsmaßregeln sind erhebliche Bedenken nach verschiedenen Richtungen gegen den ins Auge gefaßten Plan erhoben. Zunächst wurde die stets bei Verschuldungsbeschränkungen des Grundbesitzes sich erhebende Befürchtung geäußert, daß die Verschuldungsgrenze den Grundbesitz weniger verkäuflich und infolgedessen auch wertloser machen sowie die Zahl der Zwangsversteigerungen vermehren werde.

Hierfür konnte man sich berufen auf die Wirkung der Bodenkreditpolitik des Preußischen Staates gegenüber dem bäuerlichen Besitz im Anfange des 19. Jahrhunderts.[1]) Demgegenüber ist zu berücksichtigen, daß die Verhältnisse insbesondere für den Personalkredit heute gegen die damalige Zeit doch so wesentlich andere geworden sind, daß, wie auch Mauer anerkennt, aus den früheren Erfahrungen ein sicherer Schluß auf die Wirkung des jetzigen Vorgehens nicht gezogen werden kann. Die Einführung der Verschuldungsgrenze hat zur Voraussetzung einmal, daß sie den wirtschaftlich berechtigten Realkredit nicht ausschließt und also nicht zu niedrig bemessen wird, sodann, daß der Grundbesitz in der Lage ist, vorübergehende Kreditbedürfnisse auf dem Wege des Personalkredits zu befriedigen. Beide Voraussetzungen sind nach der Ansicht der Freunde der Maßregel vorhanden. Eine Verschuldungs- und Beleihungsgrenze von $^5/_6$ des landschaftlichen Taxwerts war geboten, weil bei den niedrigen ostpreußischen Taxen die wirtschaftliche Belastungsberechtigung nicht mit $^2/_3$, sondern mit $^5/_6$ aufhört. Es war diese Feststellung der Verschuldungsgrenze bereits in der ersten Vorlage des General-Landschaftsdirektors Dr. Kapp in Aussicht genommen, was zur Berichtigung einer neuerdings erschienenen abweichenden Darstellung[2]) hervorgehoben werden muß. Diese Grenze ist erforderlich und ge-

---

[1]) Mauer II S. 547 f.

[2]) Übersicht über die Entwickelung usw. S. 89.

nügt für den berechtigten Realkredit, und das hochentwickelte Genossenschaftswesen unserer Zeit gibt dem Besitzer die Gewähr, daß er seinen Personalkredit befriedigen kann. Dazu kommt, daß die Verschuldungs- und Beleihungsgrenze durch Aufnahme einer erneuten landschaftlichen Taxe bei vorhandener Steigerung des Gutswerts erhöht werden kann, daß von der Landschaft ein besonderer Meliorationskredit über den $^5/_6$-Kredit hinaus zur Verfügung gestellt wird und durch die ununterbrochene Tilgung nach Ablösung der Nachhypotheken ein immer steigender Wertsteil des Gutes von Realschuld frei und zur Aufnahme von Betriebskredits verfügbar wird. Auch ist die Zulassung eines erhöhten Taxzuschlages für die Güter mit Verschuldungsgrenze gerade aus dem Gesichtspunkte erfolgt, daß hier der Realkredit über die allgemeine Sicherheitsgrenze für landschaftliche Beleihungen hinaus bis zur Grenze der dem einzelnen Gute gegebenen individuellen Sicherheit voll gegeben werden soll. Außerdem ist sowohl von der Staatsregierung wie von der landschaftlichen Vertretung eine weitere Ausgestaltung des Personalkredits durch Ausdehnung und Pflege der Genossenschaften, durch Heranziehung der landschaftlichen Bank und durch ein Hand-in-Hand-Arbeiten der Landschaft bzw. landschaftlichen Bank mit den Genossenschaften ins Auge gefaßt worden. Ob nicht etwa dieser notwendige weitere Ausbau des Personalkredits durch die Einführung einer Verschuldungsgrenze gerade erschwert wird, ist eine umstrittene Frage. Auf der einen Seite wird dies behauptet und damit begründet, daß die Personalkreditstelle es als Nachteil empfinden wird, wenn ihr die Möglichkeit der Eintragung einer über die Verschuldungsgrenze hinausreichenden Zwangshypothek entzogen wird. Auf der anderen Seite wird ein Vorzug in dieser Beschränkung erblickt, weil damit erreicht wird, daß kein Personalgläubiger künftig im Falle der Zwangsversteigerung von der Befriedigung aus dem nicht verschuldbaren Grundstückswertsteil durch Realgläubiger ausgeschlossen werden kann. Daß durch die Verschuldungsgrenze ein Personalkredit ausgeschlossen wird, der nur im Hinblick auf die Möglichkeit der Eintragung auf den über die Verschuldungsgrenze hinausgehenden Gutswertsteil gewährt wird, muß als unmittelbare Folge der Verschuldungsgrenze angesehen werden und bedeutet nicht eine Einschränkung des Personal- sondern des Realkredits. Die Personalkreditstelle muß sich durch andere Sicherungsmittel (Bürgschaft, Ausstellung vollstreckbarer Urkunden, persönliche Tüchtigkeit des Besitzers), nicht durch Umwandlung in schlechte Hypotheken vor Verlustgefahr schützen. Wenn wegen Unmöglichkeit einer solchen Umwandlung eine Zwangsversteigerung wegen persönlicher Schulden schneller eintritt, als es in freiem Grundstücksverkehr gewesen wäre, obwohl eine umfassende Organisation des Personalkredits auf gemeinnütziger Grundlage vorhanden ist, dann wäre der Besitzer auch nicht mehr mit der Hypotheken-Eintragung zu retten gewesen. Dann liegt eben eine persönliche Überschuldung des Besitzers vor, gegen die keine Kreditform Hilfe bringen kann. Im Rahmen einer Kreditorganisation kann es nur liegen, eine unwirtschaftliche Verschuldung des Bodens zu verhüten, und soweit sie vorhanden ist, zu beseitigen. Dies geschieht, wenn der Real- und Personalkredit miteinander in organische Verbindung gebracht wird, wenn jeder Kreditart das entsprechende Wirtschaftsgebiet zugewiesen wird, indem die Verwendung der langfristigen Hypothek für die Zwecke des Betriebskredits ausgeschlossen und dem von der wirtschaftlichen Kraft der Persönlichkeit getragenen Personalkredit die gebührende Stellung zugewiesen wird. Daß eine Einschränkung des Realkredits im allgemeinen den Verkehrswert herabdrückt, läßt sich nicht bestreiten, da durch den Ausschluß mittelloser und kreditschwacher Käufer die Nachfrage verringert wird. Andererseits haben aber gerade vielfach Güterüberzahlungen bei Käufen und Güterüberschätzungen bei Erbfällen zu den Überschuldungen der Güter geführt, die den Anlaß zu dem gesetzlichen Vorgehen gegeben haben. Im Interesse der Allgemeinheit liegt eine derartige Steigerung des Verkehrswerts über den Ertragswert nicht. Wenn die gesetzlichen und landschaftlichen Maßnahmen in dieser Beziehung eine Wirkung ausüben, so beeinflußt dies nur den oft fiktiven Verkehrswert, nicht aber den für einen gesunden Kredit allein maßgebenden Ertragswert. Liegen die Verhältnisse des einzelnen Gutes so, daß auch auf diese in einem fiktiven Verkehrswert liegende Kreditreserve nicht verzichtet werden kann, so wird von der Verschuldungsgrenze nicht Gebrauch gemacht werden dürfen. Daß hier individualisiert werden kann, ist der

Vorteil der fakultativen Natur der Verschuldungsgrenze. Eine fakultative Verschuldungsgrenze schließt aber auch die Möglichkeit aus, daß damit eine allgemeine preismindernde Wirkung auf den Grundstücksverkehr ausgeübt werden kann. Wie weit man mit dieser fakultativen Verschuldungsgrenze in der Entschuldung kommt, ist ungewiß, jedenfalls aber ist sie auf den Grundstücks- und Hypothekenverkehr weit weniger einschneidend als eine obligatorische, und hat immerhin den großen Vorteil, daß sie Entschuldungsmaßregeln mit dauernder Wirkung überhaupt ermöglicht und einer richtigen Verteilung zwischen Real- und Personalkredit den Weg bahnt.

Ein weiteres Hauptbedenken richtete sich gegen den landschaftlichen Entschuldungsplan vom Standpunkte der Sicherheit der Landschaft und der von ihr zur Beschaffung der Entschuldungskapitalien auszugebenden Pfandbriefe und Schuldverschreibungen. Die Landschaft sieht ihre Sicherheit in der Solidität der landschaftlichen Taxen, die so niedrig sind, daß die Beleihungssummen etwa 50 % der Kaufwerte ausmachen, in der sorgfältigen Individualisierung des Kredits, auf den ein Recht nicht besteht, in der schnellen Verminderung des Kredits durch verstärkte ununterbrochene Schuldentilgungspflicht, in der dinglichen Sicherstellung und in der durch die Verschuldungsgrenze gesicherten Verhütung der Überschuldung, die einen erfolgreichen Betrieb gefährdet oder ganz unmöglich macht.[1]) Für die Sicherheit der Pfandbrief-

[1]) Leweck S. 100ff.; a. M. Maurer III—V.

inhaber kommt ferner in Betracht, daß sie die gleiche Sicherheit haben, wie bisher, indem für sie die auch die staatlichen Domänen und Forsten umfassende Generalgarantie haftet, daß die auszugebenden Schuldverschreibungen hinsichtlich der Verzinsung und Tilgung ebenso zur ersten Stelle im Grundbuche sichergestellt sind, wie das Pfandbriefsdarlehn, daß die Summe der auszugebenden Entschuldungspapiere für die Zeit bis 1910 zunächst auf 10 Mill. Mk. beschränkt ist und für die Schuldverschreibungen neben dem gesamten Vermögen der Landschaft ein besonderer Reservefonds von 1 Mill. Mk. haftet. Wenn also ein Risiko überhaupt bei der Entschuldungsaktion vorhanden ist, so trägt dieses die Landschaft, die dafür in der bei ihr vorhandenen besonders ausgedehnten Garantie genügende Sicherheit hat. Bisher hat die Ostpreußische Landschaft in dem Bestreben, die Möglichkeit jeden Verlustes auszuschließen, so niedrig beliehen, daß das legitime Kreditbedürfnis unbefriedigt blieb. Wenn sie im gegebenen Falle den Realkredit voll gewährt und auf die in der niedrigen Taxe liegende Sicherheit teilweise verzichtet, so schützt sie sich andererseits durch die Verschuldungsgrenze vor der Gefahr der Kreditüberspannung, die ihr aus der Aufnahme von Nachhypotheken erwächst, und erfüllt ihre eigentliche Aufgabe, dahin zu streben, daß sie dem normalen Bedürfnisse der Landwirte nach hypothekarischem Kredit vollständig genügt. Es bleibt ihr als Sicherheitsgrenze von dem Taxwert in der Regel immer noch ein freier Spielraum. Die Entschuldungspapiere sind daher materiell nach ihrem inneren Werte als unbedingt sicher anzusehen. Auch gehören sie für Preußen nach § 74 Nr. 3 Pr. AGBGB. als mit staatlicher Genehmigung ausgegebene Pfandbriefe bzw. diesen gleichartige Schuldverschreibungen der Ostpreußischen Landschaft zu dem Kreise der mündelsicheren Papiere. Die „Gleichartigkeit" der letzteren mit den Pfandbriefen liegt darin, daß sie von dem gleichen öffentlich-rechtlichen Institut, der Landschaft, ausgegeben werden, die für beide mit ihrem ganzen Vermögen haftet und zu ihrer eigenen Sicherheit mit den weitgehendsten Privilegien und Exekutionsrechten ausgestattet ist, daß sie ferner nur auf Grund dinglich gesicherter Forderungen auf ländlichen Grundstücken nach staatlich genehmigten Vorschriften im Interesse des ländlichen Grundbesitzes ausgegeben werden. Dazu kommt, daß die Summe der auszugebenden Entschuldungspapiere zurzeit auf einen bestimmten Betrag beschränkt ist, daß eine Erhöhung der staatlichen Genehmigung bedarf, und daß die Durchführung der im Interesse des Staats und der Allgemeinheit von der Ostpreußischen Landschaft unternommenen Entschuldungsaktion von dem günstigen Kurs dieser Papiere, der von der Anerkennung der Mündelsicherheit beeinflußt wird, wesentlich abhängig ist.

In dem Vorgehen der Ostpreußischen Landschaft liegt ein Vorstoß zu einer neuen Entwicklung, ein Eingreifen in das Räderwerk der bisherigen Entwicklung, wie sie in der Geschichte des Staates und einer jeden Korporation von Zeit zu Zeit beobachtet werden kann.

Mit dem Schöpfer des Entschuldungsplans, dem General-Landschaftsdirektor, Geheimen Oberregierungsrat Dr. Kapp, ist in die Geschichte der Landschaft eine jener kraftvollen Naturen getreten, ohne die nach den Erfahrungen der Geschichte die Welt nicht auskommen kann. Dem Wirken dieser Kraft muß das Aufbauen und Erhalten, die Beseelung folgen. Es muß die Praxis der Form den belebenden Atem geben, damit der volle Erfolg eintritt. Die altehrwürdige Institution der Landschaft wird aber durch diese Neuerung in ihrem Wesen nicht berührt. Sie geht ruhig und stolz ihren bisherigen Weg weiter, durch zweckmäßige Organisation des Kreditwesens und zweckentsprechende Zufuhr des Leihkapitals segenspendend in befruchtetem und fruchtbarem Lande. Sie treibt ein neues Reis, das in dem großen sturmerprobten Stamme Saft und Kraft zu weiterer Fortbildung findet.

A.

Gesetz, betreffend die Zulassung einer Verschuldungsgrenze für land- oder forstwirtschaftlich genutzte Grundstücke.

Vom 20. August 1906. (GS. S. 389.)

Wir **Wilhelm**, von Gottes Gnaden König von Preußen rc. verordnen, mit Zustimmung der beiden Häuser des Landtags der Monarchie, was folgt:

§ 1.

Ein land- oder forstwirtschaftlich genutztes Grundstück, das von der nach § 15 zuständigen Kreditanstalt beliehen werden darf, kann über die nach der Verfassung der Anstalt zulässige Beleihungsgrenze hinaus weder mit Hypotheken, Grundschulden und Rentenschulden, noch mit beständigen oder für eine bestimmte Zeit zu entrichtenden festen Geldrenten belastet werden, wenn diese Beschränkung (Verschuldungsgrenze) im Grundbuch eingetragen ist.

1. Der Begriff des land- oder forstwirtschaftlich genutzten Grundstücks wird sich im allgemeinen mit dem des Landguts im Sinne des § 98 BGB. decken. Es wird die Einrichtung und Bestimmung des Grundstücks zum Betriebe des Ackerbaus und der Viehzucht entscheidend sein. In gleichem Sinne ist der Ausdruck „Landgut" in dem von der Beleihungsfähigkeit der Ostpreußischen Landschaft handelnden § 23 OL. gebraucht. Ob die Voraussetzungen für ein solches vorliegen, wird sich im allgemeinen aus dem Inhalt des Grundbuchs und der Grundakten insbesondere aus dem Katastermaterial ergeben. Auf selbständige Nahrungsstellen ist die Anwendbarkeit des Gesetzes nicht beschränkt, wenn gleich für diese, wie in der Begründung hervorgehoben wird, ein Interesse des Staates an ihrer Erhaltung und Entschuldung in erster Linie besteht. Immerhin kommt ein solches Interesse auch bei anderen Grundstücken in Frage und es erstreckt sich daher das Gesetz auf alle Liegenschaften, die eine ihrem Hauptzwecke nach der Land- oder Forstwirtschaft dienende Besitzung bilden.

2. Die Beleihungsfähigkeit richtet sich nach den für die zuständige Kreditanstalt maßgebenden Vorschriften. Danach muß im Gebiete der Ostpreußischen Landschaft das Grundstück einen landschaftlich ermittelten Wert von mindestens 1500 Mk. haben und sich ohne Rücksicht auf Nebenverdienst des Besitzers zu einer selbständigen Ackerwirtschaft eignen (Anlage JMAB.). Diesen Minimaltaxwert von 1500 Mk. erreichen alle selbständigen Ackernahrungen des Landschaftsbezirks. Es gehören dazu mehr als 60000 Grundstücke herunter bis zur Größe von 2 bis 5 ha je nach der Lage und Bodenbeschaffenheit.[1]) Die Eigenschaft einer selbständigen Ackernahrung ist im allgemeinen Voraussetzung. Es sind aber auch beleihungsfähig Wiesengrundstücke in der Niederung ohne Gebäude und Inventar. Bestehen Zweifel über

[1]) Mauer I S. 189.

das Vorhandensein der Voraussetzung der Verschuldungsgrenze, so ist eine Bescheinigung nach Maßgabe des § 2 des Gesetzes beizubringen.

3. Die Beleihungsgrenze der zuständigen Kreditanstalt ergibt die Verschuldungsgrenze. Die Bestimmung einer niedrigeren Verschuldungsgrenze ist nicht zulässig, weil damit die Beschränkungen des Gesetzes noch in höherem Maße, über das zur Erreichung des Zwecks des Gesetzes erforderliche Maß hinaus eintreten würden. Die Erstrebung eines schuldenfreien Grundbesitzes sieht das Gesetz nicht als seine Aufgabe an, weil dies aus wirtschaftlichen Gründen und ohne Verletzung der im Volke lebenden Rechtsanschauungen für die Allgemeinheit unmöglich ist.

4. Das in der Verschuldungsgrenze liegende Belastungsverbot erstreckt sich auf alle Belastungen, die zur Geldbeschaffung auf dem Wege des Realkredits an sich geeignet sind. Das sind Hypotheken, Grundschulden, Rentenschulden und beständige oder für eine bestimmte Zeit zu entrichtende feste Geldrenten. Feste Geldrenten sind solche, die in einem bestimmten Geldbetrage bestehen; die Auferlegung sonstiger beständiger Reallasten ist durch § 91 des Ablösungsgesetzes vom 2. März 1850 (GS. S. 77) und Artikel 30 des Pr. AGBGB. verboten und daher im Gesetz nicht in Betracht gezogen. Andere Belastungen sind nicht ausgeschlossen, da sie wegen ihrer rechtlichen Natur oder ihres nur vorübergehenden Charakters zur Deckung von Kreditbedarf nicht geeignet und daher für die Zwecke des Gesetzes belanglos sind. Dies gilt vor allem für Geldrenten, die für eine unbestimmte Zeit, insbesondere auf Lebenszeit zu entrichten sind (Leibrenten und Altenteile, soweit letztere in prinzipalen oder eventuellen Geldleistungen bestehen). Die Zulassung von Leibrenten und Altenteilen ist besonders für den kleineren und mittleren Grundbesitz wichtig, da gerade bei diesen solche Eintragungen im Falle eines Besitzwechsels häufig vorzukommen pflegen. Das Verbot gilt auch für Widersprüche und Vormerkungen zur

Sicherung der unzulässigen Belastungen. Die Wirksamkeit des Verbots tritt kraft Gesetzes mit der Eintragung der Verschuldungsgrenze im Grundbuche ein. Der Umstand, daß auf dem Grundbuche bereits Lasten ruhen, sowie die Höhe der Belastung steht der Eintragung der Verschuldungsgrenze nicht im Wege.

5. Die Verschuldungsgrenze deckt sich mit der Beleihungsgrenze der zuständigen Kreditanstalt. Die Ostpreußische Landschaft hat in Ausführung des Gesetzes ihre bisherige Beleihungsgrenze von $^2/_3$ auf $^5/_6$ des Taxwerts erweitert (§ 1 OE.). Sie ist dabei von der Erwägung ausgegangen, daß bei der bisherigen Beleihungsgrenze von $^2/_3$ ihrer niedrigen Taxen dem wirtschaftlich gerechtfertigten Bedürfnisse nach Hypothekenkredit durch die Landschaft nicht voll genügt ist, daß dies aber auch mit unbedingter Sicherheit für die landschaftlichen Kredite nicht geschehen konnte, wenn und soweit der Besitzer ein Recht auf den Kredit hat und solange weder eine ununterbrochene, starke Tilgung stattfindet, noch eine Gewähr gegen eine unwirtschaftliche Überschuldung durch Privathypotheken gegeben ist. Sie hat daher nicht im allgemeinen, sondern nur für die Durchführung des Gesetzes ihre Beleihungsgrenze erweitert, und zwar aus dieser Erwägung heraus gleichzeitig die Bewilligung des Kredits über $^2/_3$ des Taxwerts an Bedingungen geknüpft, nach deren Erfüllung die bisherigen Bedenken gegen eine Ausdehnung der Beleihung wegfallen und für den Mehrkredit genügende Sicherheit vorhanden ist. Das Belastungsverbot erstreckt sich daher für das Gebiet der Ostpreußischen Landschaft nur auf die Belastungen über $^5/_6$ des landschaftlichen Taxwerts. Ist aber das Grundstück über diese Grenze hinaus bereits belastet, so kann gleichwohl die beantragte Verschuldungsgrenze eingetragen werden. Denn das Gesetz will gerade die Abstoßung dieser Überlasten ermöglichen. Ein Kreditmonopol wird der Kreditanstalt nicht eingeräumt. Bis zur Beleihungsgrenze der Ostpreußischen Landschaft

kann der Kredit von jeder beliebigen Kreditanstalt befriedigt werden.

§ 2.

Die Eintragung der Verschuldungsgrenze erfolgt auf Antrag des Eigentümers. Der Antrag bedarf der im § 29 Satz 1 der Grundbuchordnung bestimmten Form.

Zum Nachweise der im § 1 bezeichneten Erfordernisse hat der Eigentümer auf Verlangen des Grundbuchamts eine von der zuständigen Kreditanstalt zu erteilende Bescheinigung beizubringen.

Beantragt der Eigentümer die Eintragung einer gemeinsamen Verschuldungsgrenze für mehrere Grundstücke, so gilt dies zugleich als Antrag auf Vereinigung dieser Grundstücke im Sinne des § 890 Abs. 1 des Bürgerlichen Gesetzbuchs.

1. Der Eigentümer muß zur Verfügung über die Substanz des Grundstücks allein berechtigt sein. Ist er in der Verfügung beschränkt, z. B. durch das eherechtliche Güterverhältnis, durch die Eigenschaft des Gutes als Rentengut, Anerbengut oder Fideikommiß (Art. 15 Abs. 1 Pr. AGGBO.), so bedarf es der Miterklärung der aus der Beschränkung Berechtigten und eventuell der Zustimmung der zuständigen Behörde (Generalkommission, Oberlandesgericht).

2. § 29 Satz 1 GBO. lautet: „Eine Eintragung soll nur erfolgen, wenn die Eintragungsbewilligung oder die sonstigen zu der Eintragung erforderlichen Erklärungen vor dem Grundbuchamte zu Protokoll gegeben oder durch öffentliche oder öffentlich beglaubigte Urkunden nachgewiesen werden."

Zur Beurkundung oder Beglaubigung der Anträge sind auch die bei der General-Landschaftsdirektion der Ostpreußischen Landschaft angestellten Syndici befugt (§ 14 Ges.; § 8 JMAB.).

Der Antrag ist nicht stempelpflichtig.

3. Das Grundbuchamt hat nach dem Inhalt des Grundbuchs und der Grundakten, sowie nach den Beleihungsbestimmungen der Ostpreußischen Landschaft zu prüfen, ob die Voraussetzungen für den Antrag nach § 1 des Gesetzes vorliegen. Maßgebend hierfür sind insbesondere folgende Vorschriften der LO. (§ 23):

Von der Ostpreußischen Landschaft dürfen beliehen werden:

a) alle im Landschaftsbezirk belegenen Landgüter, einschließlich der Königlichen Domänen und Forsten, sofern ihr landschaftlich ermittelter Wert mindestens 1500 Mk. beträgt und sie sich außerdem ohne Rücksicht auf Nebenverdienst des Besitzers zu einer selbständigen Ackerwirtschaft eignen;

b) Grundstücke, welche in einer städtischen Feldmark liegen und sich zu einer selbständigen Nahrungsstelle durch Bodenbenutzung eignen, sofern ihr landschaftlich ermittelter Wert mindestens 1500 Mk. beträgt;

c) städtische Ländereien, welche mit ländlichen zu einer selbständigen Gutswirtschaft vereinigt sind, insofern der landschaftlich ermittelte Wert des Gesamtguts mindestens 1500 Mk. beträgt.

Wiesengrundstücke, die nach dem Verzeichnisse der Niederungsgüter zur Niederung gehören, dürfen auch ohne Gebäude und Inventar beliehen werden.

Änderungen der Grundsätze über die Beleihungsfähigkeit können nur durch eine Änderung der Satzung der Landschaft erfolgen. Die Satzungsänderungen werden in den Amtsblättern der Regierungen zu Königsberg i. Pr., Gumbinnen, Allenstein und Marienwerder bekanntgemacht. (§ 8 JMAB. und Anlage).

Hat das Grundbuchamt Zweifel, so gibt es dem Antragsteller die Beibringung einer aufklärenden Bescheinigung hierüber auf (§ 1 JMAB.). Diese Bescheinigung ist auf

Antrag des Eigentümers von der Landschaft dahin zu erteilen, daß das Grundstück ein land- oder forstwirtschaftlich genutztes Grundstück ist und daß es von ihr beliehen werden darf. Vor der Ausstellung der Bescheinigung hat die Landschaft zu prüfen, ob diese Erfordernisse vorliegen und eventuell die zu dieser Beurteilung erforderlichen Unterlagen wie Grundbuchblattsabschrift, Katasterauszüge zu erfordern. (Nr. 1 Abs. 1 LMAB.) Die Bescheinigung ist stempelfrei (§ 13 Abs. 2 Ges.); sie muß ordnungsmäßig unterschrieben und mit Siegel oder Stempel versehen sein (Art. 9 Pr. AGGBO. Nr. 8 LMAB.).

4. Die Eintragung einer gemeinsamen Verschuldungsgrenze für mehrere Grundstücke ist nur zulässig, wenn diese eine wirtschaftliche Einheit bilden und die Verschuldungsgrenze nur für diese, nicht für jedes einzelne Grundstück festzustellen ist. Deshalb ist in diesem Falle die Vereinigung der mehreren Grundstücke zu einem oder die Zuschreibung des einen oder mehreren zu einem Grundstücke im Grundbuch notwendig (§ 890 BGB.). Das eine wie das andere kann nur geschehen, wenn hiervon nach der Art der Belastung oder aus sonstigen Gründen nach dem Ermessen des Grundbuchamts Verwirrung nicht zu besorgen ist (§ 5 GBO.). Ob im Sinne des § 890 Abs. 1 cit. die Grundstücke miteinander vereinigt oder im Sinne des § 890 Abs. 2 daselbst eins dem anderen zugeschrieben wird, hängt von dem Antrage des Eigentümers ab. Stellt er nach dieser Beziehung keinen bestimmten Antrag, so gilt der Antrag auf Eintragung einer gemeinsamen Verschuldungsgrenze als Antrag auf Vereinigung der Grundstücke. Gegenüber dieser allgemeinen Bestimmung kommt aber für die Ostpreußische Landschaft in Betracht, daß diese ihre Beleihung gerade von einer Zuschreibung eines Grundstücks zum anderen abhängig macht. Deshalb wird für das Gebiet der Ostpreußischen Landschaft der auf diese Zuschreibung gerichtete besondere Antrag des Gutseigentümers nicht entbehrt werden können und die Ein-

tragung einer gemeinsamen Verschuldungsgrenze von Stellung des letzteren Antrages abhängig gemacht werden müssen.

5. Der Antrag auf Eintragung der Verschuldungsgrenze kann von dem Antragsteller zurückgenommen werden, solange er nicht ausgeführt ist. Die Zurücknahme bedarf der gleichen Form wie der Antrag selbst.

6. Die Eintragung der Verschuldungsgrenze erfolgt in den Spalten 1 bis 3 der 2. Abteilung des Grundbuchblatts mit den Worten: Verschuldungsgrenze nach dem Ges. vom 20. August 1906 und ist in der Aufschrift nachrichtlich zu vermerken (unterliegt der Verschuldungsgrenze nach dem Ges. vom 20. August 1906) (§ 2 Satz 2 JMAB.). Eine zahlenmäßige Feststellung der Verschuldungsgrenze findet nicht statt. Es bedarf daher für die Eintragung der Verschuldungsgrenze zunächst einer Mitwirkung der Landschaft überhaupt nicht, wenn nicht die unter 3 gedachte Bescheinigung erforderlich sein sollte. Eine Feststellung der zahlenmäßigen Höhe ist erst erforderlich, wenn die Eintragung einer Neubelastung auf dem mit der Verschuldungsgrenze versehenen Grundstücke in Frage kommt, wobei übrigens auch für viele Fälle durch die Bestimmung des § 4 Ges. die Mitwirkung der Landschaft erspart wird. Diese Art der Regelung hat den Vorteil, daß aus der Eintragung der Verschuldungsgrenze kein Schluß darauf zulässig ist, ob und wie hoch ein landschaftlicher Kredit für das beteiligte Grundstück bewilligt werden wird. Dagegen könnte die zahlenmäßige Eintragung der Verschuldungsgrenze zu der irrigen Annahme verleiten, daß das Grundstück nach der Eintragung der Verschuldungsgrenze bis zu dem eingetragenen Betrage ohne Rücksicht auf die Veränderung des Werts des Grundstückes oder Veränderung der Beleihungsgrundsätze der Landschaft durch diese unbedingt beleihbar bleiben. Außerdem ergibt sich daraus die weitere Folge, daß die Abschreibung von Teilstücken derartiger Grundstücke ohne Feststellung darüber, um welchen Betrag

sich die Verschuldungsgrenze vermindert, geschehen kann un nur die allgemeine Eintragung (Verschuldungsgrenze nac dem Ges. vom 20. August 1906) auf jedes Trennstüc übertragen zu werden braucht.

7. Von der Eintragung der Verschuldungsgrenze ist di Landschaft zu benachrichtigen (§ 2 Satz 2 JMAB.).

§ 3.

Die Verschuldungsgrenze gilt auch für die Ein- tragung von Sicherungshypotheken im Wege de Zwangsvollstreckung wegen Geldforderungen.

Ohne Rücksicht auf die Verschuldungsgrenze könne jedoch solche Sicherungshypotheken dann eingetrage werden:

1. wenn die Forderung schon vor der Eintragun der Verschuldungsgrenze gegen den Eigentümer, auf dessen Antrag diese Eintragung erfolgt ist, bestanden hat und die Eintragung der Sicherungs- hypothek binnen drei Jahren nach der Eintragun der Verschuldungsgrenze oder, falls die Forderun erst später fällig geworden ist, binnen drei Jahren nach dem Eintritte der Fälligkeit be- antragt wird. Für die Eintragung genügt es, wenn ihre Voraussetzungen aus dem Schuld- titel ersichtlich oder in einer öffentlichen ode öffentlich beglaubigten Urkunde von dem Eigen- tümer anerkannt oder ihm gegenüber durch Urteil festgestellt sind.

Einer Forderung der vorbezeichneten Ar steht eine Forderung gegen einen Rechts- vorgänger des Eigentümers, der die Eintragung der Verschuldungsgrenze beantragt hat, gleich, wenn der Eigentümer nach den Vorschriften über die Anfechtung von Rechtshandlungen des Schuldners außerhalb des Konkursverfahrens verpflichtet ist, die Zwangsvollstreckung in das Grundstück wegen der Forderung zu dulden;

2. wenn die Zwangsversteigerung wegen der Forderung nicht zulässig ist.

1. Aus allgemeinen Rechtsgrundsätzen folgt, daß die in der Eintragung der Verschuldungsgrenze liegende Beschränkung des Schuldners in der Verfügung über sein Grundstück sich auch auf Verfügungen im Wege der Zwangsvollstreckung in das Grundstück erstreckt, ebenso wie z. B. im Konkurse, bei Fideikommißbildung usw. Diese Folgerung ist hier zur Vermeidung jeden Zweifels noch ausdrücklich ausgesprochen. Der Ausschluß der Eintragung von Sicherungshypotheken im Wege der Zwangsvollstreckung wegen Geldforderungen ist unbedingt notwendig, um die Wirkung des Gesetzes nicht zu vereiteln. Damit wird der über die Verschuldungsgrenze, also nach den OE. über 5/6 des landschaftlichen Taxwerts hinausgehende Wertsteil des Grundstücks dem Zugriff der Personalgläubiger des Grundstückseigentümers entzogen. Dies bedeutet für den bisherigen Personalkredit eine erhebliche Beschränkung. Auf der andern Seite liegt darin für die Personalgläubiger wiederum der wesentliche Vorteil, daß sie künftig im Falle der Zwangsversteigerung von der Befriedigung aus dem nicht verschuldbaren Wertsteil durch Realgläubiger nicht ausgeschlossen werden können. Außerdem wird damit der ungesunde Zustand beseitigt, daß zur Beschaffung von Betriebsmitteln, zur Befriedigung der vorübergehenden Bedürfnisse immer wieder auf dem Wege des Personalkredits Realschulden entstehen, die als ewige Lasten auf dem Boden haften. An Stelle dieses Kredits muß der reine Personal-

kredit treten, dessen intensivste Ausgestaltung insbesondere durch die Genossenschaften die unentbehrliche Voraussetzung für die Beschränkung des Realkredits überhaupt bildet. Die Ostpreußische Landschaft hat diesem Gesichtspunkte durch Gewährung eines stark zu amortisierenden sog. Meliorationskredits Rechnung getragen (§ 5 OE.).

2. Ausnahmen sind für drei Kategorien von Forderungen aus Billigkeitsgründen zugelassen:

a) Es sind dies zunächst die Forderungen, die schon vor der Eintragung der Verschuldungsgrenze gegen den Eigentümer, der die Eintragung beantragt hat, bestanden haben, vorausgesetzt, daß die Eintragung der Sicherungshypothek binnen drei Jahren nach der Eintragung der Verschuldungsgrenze oder nach der Fälligkeit der Forderung beantragt wird. Es ist gleichgültig, ob die Forderung schon vor der Eintragung der Verschuldungsgrenze dem gegenwärtigen Gläubiger oder einem Rechtsvorgänger des letzteren zugestanden und ob sie unmittelbar gegenüber dem Grundstückseigentümer entstanden ist oder nach ihrer Entstehung, aber vor der Eintragung der Verschuldungsgrenze die Schuld sich mit dem Grundstückseigentum in einer Person vereinigt hat. Dem Zeitpunkt der Entstehung und der Fälligkeit der Forderung hat der Gläubiger dem Grundbuchamte nachzuweisen. Für diesen Nachweis wird in Ergänzung der allgemeinen Vorschriften des § 29 GBO. bestimmt, daß für die Eintragung genügt, wenn ihre Voraussetzungen aus dem Schuldtitel ersichtlich oder in einer öffentlichen oder öffentlich beglaubigten Urkunde von dem Eigentümer anerkannt oder ihm gegenüber durch Urteil festgestellt sind. Sind freilich tatsächlich die Voraussetzungen für die Eintragung der Sicherungshypothek nicht vorhanden, so ist jeder, dessen Recht durch die Eintragung beeinträchtigt wird, befugt, eine Berichtigung des Grundstücks herbeizuführen (§ 894 BGB.).

b) Die gleiche Ausnahme gilt für Forderungen, die vor der Eintragung der Verschuldungsgrenze gegen einen Rechtsvorgänger des diese Eintragung beantragenden Eigentümers bestanden hat, wenn der gegenwärtige Eigentümer nach den Vorschriften über die Anfechtung von Rechtshandlungen des Schuldners außerhalb des Konkurses die Zwangsvollstreckung in das Grundstück wegen der Forderung dulden muß (RG. vom 21. Juli 1879 in der Fassung der Bekanntmachung vom 20. Mai 1898 (GS. S. 709). Hier ist die Berücksichtigung der Forderung zur wirksamen Durchführung des Anfechtungsanspruchs unentbehrlich.

c) Zugelassen sind schließlich Forderungen, wegen deren die Zwangsversteigerung ausgeschlossen ist. Es sind dies namentlich staatliche Kosten- und Stempelforderungen, bei denen die Zwangsversteigerung aus Rücksicht auf den Schuldner in der Voraussetzung ausgeschlossen ist, daß es dem Gläubiger freisteht, sich durch Erwirkung einer Zwangshypothek für den Fall einer später von anderer Seite betriebenen Zwangsversteigerung zu sichern. Diese Möglichkeit konnte dem Gläubiger durch die Eintragung der Verschuldungsgrenze nicht entzogen werden, wenn anders es bei der Ausschließung der Zwangsversteigerung belassen wird.

§ 4.

Die Verschuldungsgrenze gilt nicht für Belastungen, die das für eine Beleihung des Grundstücks mit Mündelgeld maßgebende Vielfache des staatlich ermittelten Grundsteuerreinertrags nicht übersteigen.

Eine Neubelastung innerhalb der Grenze, die nach § 73 Pr. AGBGB. für Anlegung von Mündelgeld nach dem staatlich ermittelten Grundsteuerreinertrag festgestellt ist, also innerhalb des 15fachen, oder wenn kein anderes der Eintragung bedürfendes Recht im Range vorgeht, innerhalb des 20fachen, wird durch die Verschuldungsgrenze nicht ausgeschlossen. Eine solche liegt in der Grenze des wirtschaftlichen Realkredits, also innerhalb der Verschuldungsgrenze. Die Berechnung ist einfach, da nach § 3 Allg. Verf. vom 20. November 1899 zur Ausführung der GBO. der staatliche Grundsteuerreinertrag im Grundbuch angegeben sein muß. In zweifelhaften Fällen wird die Auskunft über den Reinertrag beim Katasteramt einzuholen oder dem Antragsteller die Beibringung eines Katasterauszuges aufzugeben sein.

§ 5.

Eine Belastung, für welche die Verschuldungsgrenze gilt, darf nur eingetragen werden, wenn sie und die ihr etwa vorgehenden Belastungen einen Betrag nicht übersteigen, bis zu dem das Grundstück von der Kreditanstalt nach deren Verfassung beliehen werden darf.

Der Betrag ist durch eine auf Antrag des Eigentümers zu erteilende Bescheinigung der Kreditanstalt nachzuweisen. Soweit bei seiner Feststellung vorgehende Belastungen bereits berücksichtigt sind, ist dies in der Bescheinigung ersichtlich zu machen. Eines Nachweises der weiteren im § 1 bezeichneten Erfordernisse bedarf es nicht.

Bei der Eintragung ist im Grundbuch anzugeben, daß die Belastung innerhalb des für die Verschuldungsgrenze maßgebenden Betrags liegt.

Wird die Eintragung einer Sicherungshypothek im Wege der Zwangsvollstreckung wegen einer Geldforderung beantragt, so hat das Grundbuchamt die Kreditanstalt um Erteilung der nach Abs. 1, 2 erforderlichen Bescheinigung zu ersuchen. Die Vorschriften des § 18 Abs. 2 der Grundbuchordnung finden Anwendung.

Für die Kosten der von dem Grundbuchamt erforderten Bescheinigung haftet der Kreditanstalt nur der Eigentümer. Die Anstalt kann wegen der Kosten die Zwangsvollstreckung in das bewegliche Vermögen des Schuldners nach den Vorschriften der Verordnung, betreffend das Verwaltungszwangsverfahren wegen Beitreibung von Geldbeträgen, vom 15. November 1899 (Gesetz-Samml. S. 545) betreiben.

1. Abgesehen von dem Falle des § 4 bedarf es bei dem Antrage auf Eintragung einer Belastung auf einem Grundstücke, für das die Verschuldungsgrenze besteht, sofern die Zulässigkeit der fraglichen Belastung durch die Verschuldungsgrenze überhaupt berührt wird, einer Bescheinigung der Landschaft, daß nach ihrer Verfassung das Grundstück bis zu einem bestimmten Betrage beliehen werden kann. Dieser Betrag ist ziffernmäßig anzugeben. Es ist aber nicht notwendig, daß immer der zurzeit zulässige Darlehnshöchstbetrag angegeben wird, zu dessen Feststellung unter Umständen eine besondere Taxierung des Grundstücks erforderlich ist. Vielmehr wird es meistens genügen, wenn die Landschaft auf Grund des Grundsteuerreinertrags oder einer älteren Taxe bescheinigt, daß eine Beleihung des Grundstücks bis zu dem beantragten ziffernmäßig anzugebenden Betrag jedenfalls satzungsgemäß zulässig sein würde. Zur Stellung des Antrages auf Erteilung der Bescheinigung ist nur der Eigentümer berechtigt. Die Landschaft ist auf Antrag des Eigentümers zur Erteilung dieser Bescheinigung verpflichtet. Entstehen der Landschaft daraus Kosten, so kann sie diese nach allgemeinen Grundsätzen von dem

Antragsteller erfordern, soweit sie dazu nicht schon nach den Bestimmungen der Landschafts-Ordnung berechtigt ist. Auch kann die Landschaft einen Vorschuß fordern. In der Bescheinigung ist hervorzuheben, ob und inwieweit bei Festsetzung des Darlehnshöchstbetrages bereits Lasten, die auf dem Grundstücke ruhen, wie z. B. Reallasten berücksichtigt sind. Die hierbei schon berücksichtigten Lasten sind bei Feststellung der Zulässigkeit der beantragten Belastung von dem Grundbuchamte nicht mehr in Betracht zu ziehen (Nr. 2 LMAV.). Wird die Bescheinigung erteilt, so darf das Grundbuchamt in eine weitere Prüfung, ob die materiellen Voraussetzungen des § 1 Ges. für die Verschuldungsgrenze zutreffen, nicht mehr eintreten (§ 4 JMAV.). Die Abtretung eines bereits eingetragenen Rechts wird durch die Verschuldungsgrenze nicht berührt. Der neue Gläubiger eines solchen Rechts bedarf für die Umschreibung auf seinen Namen keiner Bescheinigung der Landschaft. Sein Antrag ist auch dann begründet, wenn das Recht nicht innerhalb der Verschuldungsgrenze liegt.

2. Gilt für die einzutragende Belastung die Verschuldungsgrenze nicht oder liegt die Belastung innerhalb des für die Verschuldungsgrenze maßgebenden Betrages, so ist dies in der Eintragung ohne ziffernmäßige Bezeichnung des Betrages anzugeben (§ 3 Abs. 3, § 4 Abs. 3 JMAV.). Damit wird zugleich bewirkt, daß diese Angabe auch in die über die Belastung erteilten Hypotheken- oder Grundschuldbriefe übernommen wird, was für den Erwerber der betreffenden Forderungen von Interesse ist (Begr.). Geht die einzutragende Belastung über die Verschuldungsgrenze teilweise hinaus, so ist dem Antragsteller nach § 18 GBO. eine Frist zur Beschränkung des Antrags zu bestimmen (§ 4 Abs. 4 JMAV.).

3. Die Beibringung einer Bescheinigung der Landschaft ist auch notwendig, wenn es sich um Eintragung von Sicherungshypotheken im Wege der Zwangsvollstreckung handelt, sofern sie nicht ohne Rücksicht auf die Verschuldungs-

grenze nach § 3 Abs. 2 und § 4 Ges. zugelassen sind. In diesem Falle ersucht das Grundbuchamt die Landschaft um Erteilung der Bescheinigung, weil der Gläubiger in der Rechtsverfolgung unzulässig beschränkt werden würde, wenn man ihm die Beschaffung der Bescheinigung auferlegen würde. Das Grundbuchamt ist also nicht befugt, nach § 18 Abs. 1 GBO. den Antrag entweder sofort zurückzuweisen, oder dem Antragsteller eine Frist zur Nachbringung der Bescheinigung zu bestimmen, sondern es hat die Entscheidung über den Antrag auszusetzen, bis die Bescheinigung seinem Ersuchen gemäß erteilt ist und erforderlichenfalls, wenn vor Erledigung dieses Antrages eine andere Eintragung beantragt wird, gemäß § 18 Abs. 2 cit. von Amts wegen eine Vormerkung oder einen Widerspruch zugunsten des ersteren Antrages einzutragen.

4. Die Kosten der Bescheinigung dürfen, da sie nur infolge der vom Eigentümer beantragten Eintragung der Verschuldungsgrenze erforderlich werden, billigerweise nicht dem Antragsteller zur Last fallen. Ein Kostenvorschuß ist von ihm nicht zu erfordern (Nr. 2 Abs. 4 LMAB.). Nur der Eigentümer haftet für sie der Landschaft. Diese ist durch Gewährung des Beitreibungsrechts im Verwaltungszwangsverfahrens gesichert. Der Gläubiger trägt nur die Gefahr, daß ihm im Falle der Zurückweisung seines Antrages die Gerichtskostengebühr (§ 61 Abs. 2, § 109 Nr. 2 PGKG. vom 25. Juni 1895) auferlegt wird, eine Gebühr, die nicht erheblich ist und außerdem einen Schutz gegen offenbar unzulässige Eintragungsanträge bietet, die den Schuldner unter Umständen mit sehr erheblichen Kosten belasten können.

§ 6.

In den Fällen der §§ 4, 5 kommt bei der Feststellung der Zulässigkeit der Belastung eine Hypothek mit dem Kapital- oder Höchstbetrag, eine Grundschuld mit dem Kapitalbetrag, eine Rentenschuld mit dem

Betrage der Ablösungssumme, eine beständige oder für eine bestimmte Zeit zu entrichtende feste Geldrente mit dem fünfundzwanzigfachen Jahresbetrag und, wenn der Gesamtbetrag der Rentenleistungen geringer ist, mit diesem Betrage zur Anrechnung.

Bedingte Rechte sind wie unbedingte, Widersprüche oder Vormerkungen sind wie die durch sie zu sichernden Rechte zu behandeln.

Ein Recht, mit dem noch ein anderes Grundstück belastet ist oder belastet werden soll, ist zu seinem vollen Betrag anzurechnen; sofern es jedoch nur an einem Teile des Grundstücks, bei dem die Verschuldungsgrenze eingetragen ist, besteht und sein voller Betrag den von der Kreditanstalt bescheinigten Beleihungswert des Teiles übersteigt, nur zum Betrage dieses Beleihungswerts.

Vorgehende Rechte anderer als der im Abs. 1 bezeichneten Art bleiben außer Betracht. Das Gleiche gilt im Falle des § 5 von den bereits bei der Feststellung des bescheinigten Betrags berücksichtigten Rechten.

1. Um zu prüfen, ob die beantragte Neubelastung nach §§ 4, 5 Ges. zulässig ist, muß die vorhandene Belastung festgestellt werden. Dabei sind lediglich Hypotheken, Grundschulden, Rentenschulden und feste Geldrenten in Betracht zu ziehen. Andere Rechte, sowie die in der Bescheinigung der Landschaft bei Feststellung des Darlehnshöchstbetrages berücksichtigte Lasten werden nicht in Anrechnung gebracht, ebensowenig Altenteile, auch wenn sie in festen Geldrenten gewährt werden (§ 1 Ges.). Dies gilt auch für die Feststellung der Höhe der beantragten Neubelastungen.

2. Bei der Berechnung wird auf die Zinsen der Rechte, auch wenn sie über den normalen Zinsfuß hinausgehen, keine Rücksicht genommen. Für Rentenschulden ist der Betrag der Ablösungssumme nach § 1199 BGB., für feste Geldrenten der Anrechnungsbetrag nach § 9 ZPO. oder der geringere Gesamtbetrag der Rentenleistungen anzusetzen. Bedingte und durch Vormerkung oder Widerspruch gesicherte Rechte sind ebenso wie bei Feststellung des geringsten Gebots im Zwangsversteigerungsverfahren zu behandeln. Gesamtbelastungen werden im allgemeinen voll angerechnet, da sich schwer feststellen läßt, inwieweit das andere Grundstück Deckung zu gewähren geeignet ist. Ruht aber die Gesamtbelastung nur auf einem Teil des zu belastenden Grundstücks, so ist zunächst bei der Landschaft zu beantragen, daß der Beleihungswert dieses Teils festgestellt wird. Wenn dies möglich ist und die Feststellung einen geringeren Wert als die Last ergibt, so wird nur dieser Wert in Anrechnung gebracht, weil es unbillig wäre, dem neu zu belastenden Grundstück einen größeren Wert der Gesamtlast anzurechnen, als den Höchstbetrag der aus ihm für diese Last zu gewinnenden Deckung.

§ 7.

Bestehende Rechte an dem Grundstücke werden von der Eintragung der Verschuldungsgrenze nicht berührt.

Diese Bestimmung ist selbstverständlich, aber für die Beurteilung der Verschuldungsgrenze überaus wichtig. Auch auf die eingetragenen Rechte, welche über die Beleihungsgrenze hinausgehen, hat die Eintragung der Verschuldungsgrenze keinen Einfluß. Sie bleiben bestehen und können trotz Eintragung der Verschuldungsgrenze abgetreten und verpfändet werden. Erst wenn sie abgezahlt und gelöscht sind, dürfen an ihre Stelle keine neuen Rechte eingetragen werden.

§ 8.

Auf die Zwangsversteigerung des Grundstücks finden nach der Eintragung der Verschuldungsgrenze die allgemeinen Vorschriften mit folgenden Maßgaben Anwendung:

1. Die Verschuldungsgrenze bleibt, soweit sich nicht aus den Vorschriften der Nr. 2 ein anderes ergibt, von der Zwangsversteigerung unberührt.

   Die Eintragung von Sicherungshypotheken für die Forderung gegen den Ersteher erfolgt ohne Rücksicht auf die Verschuldungsgrenze. Soweit die Sicherungshypotheken diese aber überschreiten und nicht zu Gunsten der im § 10 Nr. 1 bis 4 des Reichsgesetzes über die Zwangsversteigerung und die Zwangsverwaltung bezeichneten Ansprüche eingetragen sind, können sie nicht nach Maßgabe der Vorschriften der §§ 1180, 1186, 1198 des Bürgerlichen Gesetzbuchs ihrem Inhalte nach geändert werden und erlöschen, wenn sie sich mit dem Eigentum in einer Person vereinigen.
2. Ist das Grundstück mit einem vor der Eintragung der Verschuldungsgrenze eingetragenen Rechte belastet, so ist es mit der Versteigerungsbedingung des Fortbestehens der Verschuldungsgrenze und ohne diese Bedingung auszubieten. Der Zuschlag wird auf Grund des mit der Bedingung erfolgten Ausgebots erteilt, wenn das Recht dadurch nicht beeinträchtigt wird.

Das Gleiche gilt, wenn nach der Eintragung der Verschuldungsgrenze eine Sicherungshypothek wegen einer Forderung der im § 3 Abs. 2 Nr. 1 Satz 1 bezeichneten Art im Wege der Zwangsvollstreckung eingetragen ist oder wenn der Gläubiger die Zwangsversteigerung wegen einer solchen Forderung binnen der dort bezeichneten Frist beantragt und diese Voraussetzungen spätestens im Versteigerungstermine vor der Aufforderung zur Abgabe von Geboten nachweist; die Vorschrift des § 3 Abs. 2 Nr. 1 Satz 2 findet entsprechende Anwendung.

3. Die Kreditanstalt hat dem Gericht auf Ersuchen eine Bescheinigung über den die Verschuldungsgrenze bestimmenden Höchstbetrag zu erteilen.

1. Auf die Zwangsverwaltung und die Zwangsversteigerung eines Grundstückes, das der Verschuldungsgrenze unterliegt, finden im allgemeinen die Vorschriften des Gesetzes über die Zwangsversteigerung und die Zwangsverwaltung Anwendung.

2. Die Verschuldungsgrenze bleibt von der Zwangsversteigerung unberührt, soweit nicht die Rücksicht auf ältere, vor der Eintragung der Verschuldungsgrenze begründete Rechte eine Abweichung erfordern. Sind solche älteren Rechte vorhanden, so muß von Amts wegen ein doppeltes Ausgebot erfolgen. Der Zuschlag auf Grund des Ausgebots mit der Bedingung des Fortbestehens der Verschuldungsgrenze darf nur erteilt werden, wenn das fragliche ältere Recht dadurch nicht beeinträchtigt wird. Anderenfalls erlischt die Verschuldungsgrenze. Im übrigen wird an den allgemeinen Bestimmungen über die Gründe zur Versagung des Zuschlags nichts geändert. Den voreingetragenen

Forderungen stehen solche gleich, für die ohne Rücksicht auf die Verschuldungsgrenze Sicherungshypotheken zulässig und eingetragen sind oder wegen deren innerhalb der im § 3 Ges. bestimmten dreijährigen Frist die Zwangsversteigerung beantragt ist.

3. Einer besonderen Regelung bedarf die Eintragung von Sicherungshypotheken für die gegen den Ersteher verbleibenden Forderungen gemäß § 128 ZwGes. Auch hier ist eine Einschränkung durch landesgesetzliche Bestimmung an sich zulässig (§ 2 Abs. 1 EGZwGes. Art. 117 Abs. 1 EGBGB.). Es geht aber nicht an, denjenigen, welcher an dem der Verschuldungsgrenze unterworfenen Grundstück ein dingliches Recht gehabt hat, die dingliche Sicherung für den an die Stelle des Rechts tretenden Anspruch gegen den Ersteher zu entziehen. Es sind dies die Rechte, für die nach dem Gesetz die Verschuldungsgrenze überhaupt nicht gilt, oder die innerhalb der Verschuldungsgrenze oder mit der vorgeschriebenen Genehmigung über die Verschuldungsgrenze hinaus eingetragen sind. Für alle diese Rechte müßte ohne Rücksicht auf die Verschuldungsgrenze Sicherungshypothek nach § 128 cit. eingetragen werden. Das Gleiche würde für Ansprüche gelten, die jenen Rechten nach § 10 Nr. 1—4 ZwGes. im Range vorgehen (Verwendung, Dienstlöhne, öffentliche Lasten). In Berücksichtigung dieser Verhältnisse läßt das Gesetz die Eintragung von Sicherungshypotheken gegen den Ersteher allgemein ohne Rücksicht auf die Verschuldungsgrenze zu. Die Eintragung von Sicherungshypotheken über die Verschuldungsgrenze hinaus erfolgt jedoch mit der Maßgabe, daß der Gläubiger nicht die Befugnis hat, gemäß § 1180 BGB. an die Stelle der ursprünglichen Forderung eine andere zu setzen oder gemäß §§ 1186, 1198 daselbst die Sicherungshypothek in eine gewöhnliche Hypothek oder Grundschuld umzuwandeln, sowie mit der ferneren Maßgabe, daß die Sicherungshypothek erlischt, wenn sie sich mit dem Eigentum in einer Person vereinigt. Mit diesen Änderungen wird eine dauernde Be-

lastung des Grundstücks über die Verschuldungsgrenze hinaus durch derartige Hypotheken verhindert. Den Änderungen unterliegen nicht die Sicherungshypotheken innerhalb der Verschuldungsgrenze und diejenigen zugunsten der in § 10 Nr. 1—4 ZwGes. bezeichneten Ansprüche.

4. Der die Verschuldungsgrenze bestimmende Darlehnshöchstbetrag wird durch Bescheinigung der Landschaft festgestellt. Diese Bescheinigung ist vom Gericht einzuholen. Die Landschaft muß in der Bescheinigung stets den zurzeit zulässigen Darlehnshöchstbetrag angeben und die Erledigung des darauf gerichteten Ersuchens des Gerichts nach Möglichkeit beschleunigen. In vielen Fällen wird dazu die Aufnahme einer landschaftlichen Taxe notwendig sein. Die dadurch entstehenden Kosten sind bei dem ersuchenden Gericht als Kosten des Verfahrens anzumelden (Nr. 3 LMAB.). Für die Form der Ausstellung der Bescheinigung gilt das zu § 2 Nr. 3 Gesagte. In dem Beschluß, mit dem der Versteigerungstermin bestimmt wird, muß die Angabe über die Eintragung der Verschuldungsgrenze und der diese bestimmende Höchstbetrag enthalten sein (§ 7 Abs. 1 JMAB.). Bleibt die Verschuldungsgrenze von der Zwangsversteigerung unberührt, so hat das Vollstreckungsgericht den sie bestimmenden Höchstbetrag bei dem in § 170 ZwGes. vorgeschriebenen Ersuchen dem Grundbuchamt mitzuteilen. Bei der Eintragung der Sicherungshypothek für die Forderungen gegen den Ersteher soll, soweit sie nicht zugunsten der im § 10 Nr. 1—4 daselbst bezeichneten Ansprüche erfolgt, im Grundbuch auch ersichtlich gemacht werden, inwieweit die Hypothek die Verschuldungsgrenze überschreitet (§ 7 Abs. 2 JMAB.).

§ 9.

Eine Überschreitung der Verschuldungsgrenze ist nur mit Genehmigung des nach § 15 zuständigen staatlich bestellten Kommissars zulässig. Sie darf, außer bei Belastungen auf Grund des Gesetzes, betreffend die Errichtung von Landeskulturrentenbanken, vom 13. Mai 1879 (Gesetz-Samml. S. 367) ein Viertel des die Verschuldungsgrenze bestimmenden Höchstbetrags nicht übersteigen. Vor der Entscheidung über die Genehmigung ist die Kreditanstalt zu hören.

Die Genehmigung darf nur auf Antrag des Eigentümers für den Einzelfall aus besonderen Gründen, namentlich für die Eintragung der Erbabfindungen von Pflichtteilsberechtigten, erteilt werden. In der Eintragung ist anzugeben, daß die Genehmigung erteilt ist.

Erlischt die genehmigte Belastung mit dem Eintritt eines bestimmten Zeitpunkts oder Ereignisses, so kann nach dem Eintritte des Zeitpunkts oder Ereignisses der Kommissar das Grundbuchamt um die Löschung der Belastung ersuchen. Die Löschung erfolgt auf Kosten des Eigentümers.

1. Eine Überschreitung der Verschuldungsgrenze läßt das Gesetz zu, weil es äußerst schwierig, wenn nicht unmöglich ist, die Wirkung der Eintragung der Verschuldungsgrenze auf das einzelne Grundstück und dessen künftige wirtschaftliche Lage von vornherein zu übersehen. Mit dem Zwecke des Gesetzes ist es jedoch nicht vereinbar, eine beliebige Überschreitung der Verschuldungsgrenze zuzulassen. Es wird deshalb die Entscheidung über die Zulässigkeit der Überschreitung in die Hände eines staatlich bestellten Kommissars (§ 15 Ges.) gelegt und im allgemeinen die Überschreitung auf ein Viertel des die Verschuldungsgrenze bestimmenden Höchstbetrages, d. i. bei der Ostpreußischen Landschaft auf $^{25}/_{24}$ des landschaftlichen Taxwerts, also

auf $^{1}/_{24}$ über diesen hinaus begrenzt. Die Beschränkung der Überschreitung gilt auch für Meliorationskredit, sie gilt aber nicht für Darlehen der Landeskulturrentenbank, wenn diese ausnahmsweise über die Verschuldungsgrenze hinaus gewährt werden sollten, weil durch dieses Gesetz selbst die Sicherheit, die regelmäßige Wiederabstoßung und die Verwendung des Darlehns im Interesse des Grundstücks gewährleistet ist.

2. Zu dem Antrag auf Überschreitung ist nur der Eigentümer, nicht ein Gläubiger berechtigt. Der Antrag ist bei dem Kommissar zu stellen und auf Erfordern durch Beibringung des zur Prüfung erforderlichen Materials (beglaubigte Grundbuchblattabschrift, Bescheinigung der Landschaft über den zulässigen Darlehnshöchstbetrag) zu begründen.

3. Der Kommissar muß den Antrag, ohne daß es einer vorherigen Anhörung der Landschaft bedarf, ablehnen, wenn die Höhe der beabsichtigten Belastung über die zulässige Überschreitungsgrenze hinausgeht und der Antrag nicht auf Erfordern entsprechend beschränkt wird. Anderenfalls ist der Antrag der Landschaft zur Äußerung mitzuteilen, wodurch einmal dem Kommissar, der sich demnächst auf die Äußerung der Landschaft stützen kann, die Verantwortung erleichtert und dann der Landschaft eine hinreichende Mitwirkung bei der Entscheidung über den Antrag gewährleistet wird. Wegen des Beschwerderechts s. zu § 12 Ges.

4. Die Genehmigung darf nur

a) für den einzelnen Fall und

b) aus besonderen Gründen

erteilt werden.

a) Es muß sich um eine bestimmte beabsichtigte Belastung handeln. Eine Sicherungshypothek für einen später zu entnehmenden Betriebskredit ist damit ausgeschlossen.

b) Unter den Gründen sieht das Gesetz nur die Eintragung der Erbabfindungen von Pflichtteilsberechtigten vor, die namentlich dann geboten ist, wenn dadurch ein unliebsamer Verkauf des Grundstücks verhindert werden kann. Im übrigen muß der Kommissar nach pflichtmäßigem Ermessen von Fall zu Fall entscheiden. Insbesondere ist die Überschreitung als zulässig zu erachten, behufs Eintragung von Meliorationskredit zur Durchführung von Meliorationen, die eine dauernde Wertserhöhung des Grundstücks gewährleisten. Hier ist jedoch in jedem einzelnen Falle vor Erteilung der Genehmigung die Zweckmäßigkeit und Rentabilität des geplanten Unternehmens und die Sicherstellung der Unterhaltung der Anlagen sorgfältig zu prüfen. Auch bei besonderen Unglücksfällen, bei denen die Verweigerung der Genehmigung zu Härten gegen den in einem wirtschaftlichen Notstand sich befindenden Eigentümer führen und seine Existenz gefährden würde, kann die Genehmigung zur Überschreitung der Verschuldungsgrenze erteilt werden. Immerhin ist eine Überschreitung nur ausnahmsweise zulässig. Für die Entscheidung über die Erteilung der Genehmigung kommt nicht nur der Grund der Überschreitung, sondern auch die Art derselben in Frage, insbesondere die Art der einzutragenden Lasten und vor allem die Regelung der Wiederabstoßung des über die Verschuldungsgrenze hinausgehenden Betrages. Infolgedessen werden im allgemeinen nur zeitlich beschränkte und tilgbare Belastungen zu genehmigen sein. Die Entstehung von Hypotheken, die der freien Verfügung des Eigentümers unterliegen und das Grundstück dauernd zu belasten geeignet sind, muß tunlichst vermieden werden. Die Genehmigung ist daher, wenn angängig, mit der Maßgabe zu erteilen, daß die Belastungen einer scharfen Tilgung unterliegen, was besonders für den Meliorationskredit zu beachten ist. Bei tilgbaren Lasten sind in der Genehmigung die Verzinsungs- und Tilgungsbedingungen anzugeben; es ist zum Ausdruck zu bringen, daß die Belastung mit Ablauf der Tilgungsperiode oder nach Maßgabe des Tilgungsplans oder zu einem anderweit zu bestimmenden Zeitpunkt erlischt. Auch kann die Bedingung gestellt werden, daß der Eigentümer sich nach § 1179 BGB. verpflichtet, eine vorstehende Hypothek, wenn sie sich mit dem Eigentum in einer Person vereinigt, löschen und zur Sicherung des Anspruchs auf Löschung eine Vormerkung in das Grundbuch eintragen zu lassen, damit die neue Belastung dann in deren Stelle einrückt.

5. Die Entscheidung des Kommissars ist der Landschaft und dem Eigentümer gegen Zustellungsurkunde zuzustellen. In ihr ist anzugeben, daß sie durch die innerhalb einer Frist von zwei Wochen bei dem Kommissar anzubringenden Beschwerde angefochten werden kann (§ 12 Ges.).

6. Ist die Genehmigung erteilt, so ist nach fruchtlosem Ablauf der Beschwerdefrist dem Eigentümer eine Bescheinigung, daß die Genehmigung unanfechtbar geworden ist, von dem Kommissar von Amts wegen zu erteilen. Dasselbe gilt, wenn die zur Einlegung der Beschwerde berechtigte Partei auf Einlegung des Rechtsmittels ausdrücklich schriftlich verzichtet hat (§ 12 Abs. 2, 3 Ges.). Von der Erteilung der Bescheinigung ist der Landschaft Mitteilung zu machen. In der Genehmigungsurkunde sind die Bedingungen, an welche die Genehmigung geknüpft ist, genau anzugeben; auch sind der für die Verschuldungsgrenze maßgebende und der darüber hinaus einzutragende Betrag ziffermäßig zu bezeichnen. Die von dem Kommissar auszustellenden Genehmigungen und Bescheinigungen sind ordnungsmäßig zu unterschreiben und mit Siegel oder Stempel zu versehen (Art. 9 Pr. AGGBO. Nr. 8 LMAB.).

7. Die Eintragung ins Grundbuch erfolgt nur auf Grund der Genehmigung und der Bescheinigung des Kommissars. Auf die Übereinstimmung der einzutragenden Belastung mit dem Inhalt der Genehmigung ist besonders zu achten. Die Eintragung geschieht lediglich an der für

das einzutragende Recht bestimmten Stelle der II. oder III. Abteilung. In dem Eintragungsvermerk ist anzugeben, daß die Genehmigung erteilt ist, damit für den Gläubiger und seine Nachfolger erkennbar ist, daß die Belastung trotz Überschreitung der Verschuldungsgrenze in zulässiger Weise und Höhe erfolgt ist. Diese Bestimmung ist ihrem Wesen nach eine Ordnungsvorschrift. Unterbleibt im Einzelfall der Vermerk der Genehmigung, so wird dadurch die Wirksamkeit der Eintragung selbst nicht berührt, wenn die Voraussetzungen für ihre Zulässigkeit tatsächlich vorgelegen haben.

Von der Eintragung ist der Kommissar und die Landschaft zu benachrichtigen (§ 5 JMAB.).

8. Nach Eintritt der bei der Genehmigung bestimmten Voraussetzungen für das Erlöschen der Belastung muß der Kommissar die Löschung im Grundbuche von Amts wegen überwachen. Veranlaßt diese nicht der Eigentümer, so hat er das Grundbuchamt um Löschung zu ersuchen. Damit wird die Bildung von Eigentümerhypotheken über die Verschuldungsgrenze hinaus verhindert. Die Löschung erfolgt auf Kosten des Eigentümers (Nr. 4, 5 LMAB.).

§ 10.

Solange die Verschuldungsgrenze eingetragen ist, kann die grundbuchrechtliche Teilung des Grundstücks nur im Falle der Abveräußerung erfolgen.

Entsprechend der Bestimmung des § 2 Ges. wonach die Eintragung einer gemeinsamen Verschuldungsgrenze für mehrere Grundstücke desselben Eigentümers eine Vereinigung bzw. Zusammenschreibung dieser Grundstücke voraussetzt, ist eine grundbuchrechtliche Teilung eines mit einer gemeinsamen Verschuldungsgrenze behafteten Grundstücks ohne Veräußerung unzulässig. Eine derartige Zerlegung würde die Feststellung einer besonderen Verschuldungsgrenze für jeden Teil notwendig machen und dem Eigentümer die Möglichkeit geben, die Löschung der Verschuldungsgrenze herbeizuführen, wenn keines der Teile den Voraussetzungen des § 1 Ges. mehr entspricht, namentlich nicht nach der Verfassung der Landschaft beliehen werden kann. Die Zulässigkeit dieses Verbots folgt aus Art. 119 Abs. 2 EGBGB. Die Befugnis zur Abveräußerung von Grundstücksteilen wird nicht beschränkt. Dies ist besonders wesentlich für die Teilung des Grundstücks unter Miterben. Die Verschuldungsgrenze wird in diesem Falle mitübertragen, wenn nicht die Anwendung des § 11 Ges. in Frage kommt.

§ 11.

Die Verschuldungsgrenze wird durch Löschung im Grundbuch aufgehoben. Die Löschung erfolgt auf Antrag des Eigentümers. Der Antrag bedarf der in § 29 Satz 1 der Grundbuchordnung bestimmten Form.

Zur Löschung ist die Genehmigung des nach § 15 zuständigen Kommissars erforderlich. Vor der Entscheidung über die Genehmigung ist die Kreditanstalt zu hören.

Die Genehmigung ist insbesondere zu erteilen, wenn die im § 1 bezeichneten Erfordernisse bei dem Grundstücke nicht mehr vorliegen.

1. Für die Löschung der Verschuldungsgrenze gilt im allgemeinen das gleiche wie für die Überschreitung.

2. Nur auf Antrag des Eigentümers, der in der gleichen Form zu stellen ist, wie der Eintragungsantrag (§ 2 Ges.) kann die Löschung erfolgen. Sie bedarf der Genehmigung des Kommissars, der vorher die Landschaft zu hören hat, und dessen Bescheinigung, daß die Genehmigung unanfechtbar ist. Der Löschung steht die Nichtübertragung der Verschuldungsgrenze bei Abzweigungen gleich (§ 47 Abs. 2 GBO.). Bei Abtrennung von Teilstücken ist es also nicht

erforderlich, daß die Verschuldungsgrenze erst mit übertragen wird, um dann erst die Löschung auf Grund erteilter Genehmigung stattfinden zu lassen: es hat vielmehr im Falle der Genehmigungserteilung die Mitübertragung der Verschuldungsgrenze zu unterbleiben.

3. Wegen der Verschiedenartigkeit der möglichen Einzelfälle lassen sich die Gründe, aus denen eine Löschung erfolgen soll, nicht anführen. Vorgeschrieben ist nur, daß die Genehmigung zur Löschung erteilt werden soll, wenn die Erfordernisse für die Eintragung der Verschuldungsgrenze nicht mehr vorliegen (§ 1 Ges.), wenn also das Grundstück nicht mehr land- oder forstwirtschaftlich, sondern zu andern z. B. industriellen oder baulichen Zwecken benutzt wird oder wenn es von der Landschaft nicht mehr beliehen werden darf. In Frage kommt ferner die Löschung, wenn das Grundstück zwar noch den Voraussetzungen der Verschuldungsgrenze entspricht, wenn aber der Eigentümer aus beachtenswerten Gründen beabsichtigt, diese Voraussetzungen zu beseitigen. Dies gilt insbesondere für den Verkauf des Grundstücks oder eines Teils zwecks Verwertung zu industriellen oder baulichen Zwecken. Ferner kommt die Löschung der Verschuldungsgrenze in Betracht, wenn das Grundstück dauernd in das Eigentum des Staates oder einer Körperschaft des öffentlichen Rechts übergegangen ist, oder wenn es Fideikommißeigenschaft erlangt hat. Dann besteht mit Rücksicht auf die Zwecke des Gesetzes kein Interesse mehr daran, die Verschuldungsgrenze aufrecht zu erhalten. Schließlich wird die Löschung bei der Abveräußerung eines Grundstücksteils auf diesem genehmigt werden müssen, wenn der Teil im Verhältnis zu dem ganzen Grundstück von geringerem Umfange und Wert ist. Es besteht auch hier kein Interesse an der Aufrechterhaltung der Verschuldungsgrenze für ein geringwertiges Trennstück. Im allgemeinen wird in diesem Falle wegen sonstiger Belastungen des Grundstücks seitens der Generalkommission oder der General-Landschaftsdirektion ein Unschädlichkeits-

attest erteilt werden, so daß sich eine Nachprüfung der Voraussetzung der Löschung für den Kommissar erübrigt. Ohne Genehmigung des Kommissars kann jedoch auch in diesem Falle die Verschuldungsgrenze nicht etwa auf Grund des Unschädlichkeitsattestes durch Löschung bzw. Nichtübertragung auf das Trennstück beseitigt werden, da an sich das Unschädlichkeitsattest die Verschuldungsgrenze nicht berührt. Die Genehmigung ist im letzteren Falle dahin zu erteilen, daß in die Abschreibung der abveräußerten Parzelle ohne Mitübertragung der Verschuldungsgrenze gewilligt wird (Nr. 7 LMAB.). Bei dieser Regelung ist insbesondere die Möglichkeit der Abveräußerung von Teilstücken zu Zwecken der Besiedelung behufs Schaffung und Vermehrung eines kleinen Bauernstandes oder von Arbeiterstellen, nicht eingeschränkt.

4. Für die Form der vom Kommissar auszustellenden Bescheinigungen und Genehmigungen gilt das zu § 9 Nr. 6 Gesagte.

5. Die Löschung erfolgt in den Spalten 7, 8 der II. Abteilung. Gleichzeitig ist der Vermerk über die Eintragung der Verschuldungsgrenze in der Aufschrift rot zu unterstreichen. Von der Löschung ist der Kommissar und die Landschaft zu benachrichtigen (§§ 6, 5 JMAB.).

§ 12.

In den Fällen der §§ 9, 11 steht dem Eigentümer gegen die Entscheidung des Kommissars binnen einer mit Zustellung der Entscheidung beginnenden Frist von zwei Wochen die bei dem Kommissar einzulegende Beschwerde an den zuständigen Minister zu.

Dasselbe gilt für die Kreditanstalt, soweit die Entscheidung des Kommissars von ihrer bei der Anhörung geäußerten Ansicht abweicht.

Eine Eintragung im Grundbuche darf nur erfolgen auf Grund einer Bescheinigung des Kommissars, daß die Genehmigung unanfechtbar geworden ist.

1. Die wirtschaftliche Bedeutung, welche die Entscheidungen des Kommissars über eine Überschreitung oder Löschung der Verschuldungsgrenze haben, erfordert die Gewährung eines Beschwerderechts. Damit wird gleichzeitig eine Kontrolle über die gleichmäßige Handhabung der Vorschriften ermöglicht.

2. Die Beschwerde geht an den Minister für Landwirtschaft, Domänen und Forsten, zu dessen Geschäftsbereich die Angelegenheiten des Realkredits gehören und der zugleich die oberste Aufsichtsinstanz für die Landschaften bildet. Sie steht binnen zwei Wochen nach der Zustellung dem Eigentümer, und wenn die Entscheidung von der gutachtlichen Äußerung der Landschaft abweicht, auch dieser zu. Stimmt die Entscheidung mit deren gutachtlichen Äußerung überein, so erfolgt nur eine Mitteilung an die Landschaft, aber keine Zustellung, und ist auch ein Beschwerderecht der Landschaft nicht gegeben. Diese Regelung bewirkt zugleich eine Beschleunigung der Eintragung. Denn diese erfolgt erst, wenn die Genehmigung unanfechtbar ist, um die Möglichkeit auszuschließen, daß nach der Eintragung eine von dieser abweichende Entscheidung des Ministers herbeigeführt wird. Über die Unanfechtbarkeit hat der Kommissar eine Bescheinigung in der zu § 9 Anm. 6 erwähnten Form zu erteilen (§§ 5 Abs. 1, 6 Abs. 1 JMAB.). Der Eigentümer hat es in der Hand, die Eintragung durch Verzicht auf die Beschwerde in dem Falle zu beschleunigen, daß der Landschaft ein Beschwerderecht nicht zusteht. Wenn der Kommissar nach dem Gutachten der Landschaft entschieden hat, ist dies in der Entscheidung zu vermerken.

§ 13.

Die Eintragung der Verschuldungsgrenze sowie die gerichtliche Beurkundung oder Beglaubigung des dazu erforderlichen Antrags erfolgt gebührenfrei.

Die im § 2 Abs. 2 bezeichnete Bescheinigung ist von der Stempelsteuer befreit.

Das volkswirtschaftliche Interesse des Staates an der Durchführung des Gesetzes rechtfertigt die Befreiung von Gebühren und Stempelkosten für alle Maßnahmen, die den Zwecken des Gesetzes dienen. Aus diesem Grunde werden für die Eintragung der Verschuldungsgrenze und die gerichtliche Beurkundung oder Beglaubigung des dazu erforderlichen Antrags keine Gebühren, sondern nur die baren Auslagen erhoben, und ist ferner die zu der Eintragung in gewissen Fällen erforderliche Bescheinigung (§ 2 Abs. 2 Ges.) stempelfrei. Der Eintragungsantrag selbst ist ohnehin nicht stempelpflichtig.

Die gleichen Erleichterungen gelten aber nicht für die Überschreitung oder Löschung der Verschuldungsgrenze, weil hier das öffentliche Interesse nicht im Vordergrunde steht.

§ 14.

Die zum Richteramte befähigten Beamten der Kreditanstalt sind für die Beurkundung oder Beglaubigung der Anträge auf Eintragung oder Löschung der Verschuldungsgrenze innerhalb der Grenzen ihrer Amtsbefugnisse zuständig.

Zum Richteramte befähigt sind die Syndici und Hilfssyndici der Ostpreußischen Landschaft (§§ 59, 60 Abs. 1 LO., § 8 Abs. 2 JMAB.). Die von ihnen in ihrem Amtsbereich aufgenommenen oder beglaubigten Urkunden, Anträge oder Erklärungen haben die Kraft gerichtlicher Urkunden (§ 61 Abs. 3, 4 LO.). Zur Erleichterung für die Handhabung des Gesetzes wird die Zuständigkeit dieser Beamten zu derartiger Beurkundung oder Beglaubigung auf Anträge auf Eintragung oder Löschung der Verschuldungsgrenze ausgedehnt. Für alle übrigen nach diesem Gesetz möglichen Anträge ist eine gleiche Bestimmung nicht erforderlich, weil für sie eine bestimmte Form nicht vorgeschrieben ist.

§ 15.

Der Zeitpunkt des Inkrafttretens dieses Gesetzes in den einzelnen Landesteilen sowie die für die Ausführung zuständigen öffentlichen Kreditanstalten und die in den Fällen der §§ 9, 11 zuständigen Kommissare werden durch Königliche Verordnung bestimmt.

1. Die praktische Durchführung des Gesetzes setzt voraus, daß einmal die Frage nach dem Bedürfnis eines Entschuldungsverfahrens bejaht wird, und dann, daß sich ein Organ findet, das bereit ist, die Entschuldung durchzuführen. Da beide Voraussetzungen nicht allgemein für die ganze Monarchie feststehen, so wird es der Königlichen Verordnung überlassen, den Zeitpunkt des Inkrafttretens zu bestimmen. Der Ausdruck Landesteile ermöglicht es, das Gesetz nicht nur für ganze Provinzen sondern auch für kleinere Teile der Monarchie anwendbar zu machen.

2. Wegen der schwierigen Aufgaben, die das Gesetz den auszuführenden Organen überträgt, und wegen der damit verbundenen erheblichen Verantwortung kommen nur öffentliche Kreditanstalten für die Mitwirkung in Betracht, d. h. solche, deren Organe entweder unmittelbare Staatsbehörden sind, wie die der Rentenbanken, oder deren Verfassung der öffentlichen Rechtsordnung des Staates angegliedert ist und deren Leitung in den Händen mittelbarer Staatsbeamten ruht, wie die landschaftlich- (ritterschaftlich-), die provinziell- (kommunal-)ständischen Kreditanstalten, die Landeskultur-

rentenbanken und öffentlichen Sparkassen. In jedem Fall soll nach der Absicht des Gesetzes für jedes Grundstück nur eine Kreditanstalt die im Gesetz bestimmten Aufgaben erfüllen, da die Zuständigkeit mehrerer Anstalten in bezug auf ein und dasselbe Grundstück nicht allein überflüssig wäre, sondern auch zu Schwierigkeiten Anlaß geben würde. Über das Entschuldungsverfahren selbst sagt das Gesetz nichts. Es ist daher selbstverständlich, daß für die Entschuldung ebenso wie für jede sonstige Beleihung eines der Verschuldungsgrenze unterstellten Grundstücks jede beliebige Kreditquelle in Frage kommen kann und daß die Entschuldung oder Beleihung nicht etwa nur durch die zuständige Kreditanstalt erfolgen darf.

3. Indem das Gesetz auch die Bestimmung des zuständigen Kommissars der Königlichen Verordnung vorbehält, gibt es die Möglichkeit, auch hierbei in den einzelnen Provinzen den dort obwaltenden Verhältnissen in ausreichender Weise Rechnung zu tragen.

4. Bis jetzt ist nur die Königliche Verordnung vom 23. März 1908 (GS. Nr. 12 S. 65) ergangen, nach der das Gesetz in der Provinz Ostpreußen sowie in den zum Kreise Rosenberg gehörigen ehemaligen Erbhauptämtern Schömberg und Deutsch-Eylau der Provinz Westpreußen, also dem Geltungsgebiet der Ostpreußischen Landschaft am 15. März 1908 in Kraft getreten ist und in der

a) als die für die Ausführung des Gesetzes zuständige Kreditanstalt die Ostpreußische Landschaft,

b) als der in den Fällen der §§ 9, 11 des Gesetzes zuständige Kommissar der Oberpräsident der Provinz Ostpreußen

bestimmt ist (B).

§ 16.

Die Vorschriften zur Ausführung dieses Gesetzes erläßt der zuständige Minister.

Urkundlich unter Unserer Höchsteigenhändigen Unterschrift und beigedrucktem Königlichen Insiegel.

Gegeben Wilhelmshöhe, den 20. August 1906.

(L. S.) **Wilhelm.**

v. Podbielski. v. Bethmann Hollweg.
Beseler. Breitenbach.

Die Ausführungsvorschriften werden von dem Justizminister und dem Minister für Landwirtschaft, Domänen und Forsten erlassen (C, D). Denn ersterer ist mit Rücksicht auf die Tätigkeit des Gerichts, letzterer als Ressortminister für das Realkreditwesen bei der Ausführung des Gesetzes beteiligt. Soweit etwa wegen der Hinzuziehung öffentlicher Kreditanstalten, deren Beaufsichtigung zum Geschäftsbereich eines anderen Ministeriums gehört, besondere Ausführungsbestimmungen erforderlich werden sollten, würde bei deren Erlaß auch dieses Ressort mitzuwirken haben.

B.

Verordnung über die Einführung des Gesetzes, betreffend die Zulassung einer Verschuldungsgrenze für land- und forstwirtschaftlich genutzte Grundstücke, vom 20. August 1906 (GS. S. 389) in Ostpreußen und einem Teile von Westpreußen.

Vom 23. März 1908 (GS. Nr. 12 S. 65).

Wir **Wilhelm**, von Gottes Gnaden König von Preußen rc., verordnen auf Grund des § 15 des Gesetzes, betreffend die Zulassung einer Verschuldungsgrenze für land- und forstwirtschaftlich genutzte Grundstücke, vom 20. August 1906 (GS. S. 389), was folgt:

Das vorbezeichnete Gesetz tritt in der Provinz Ostpreußen sowie in den zum Kreise Rosenberg gehörigen ehemaligen Erbhauptämtern Schömberg und Deutsch Eylau der Provinz Westpreußen am 15. März 1908 in Kraft.

Für dieses Geltungsgebiet wird:

1. Als die für die Ausführung des Gesetzes zuständige Kreditanstalt die Ostpreußische Landschaft,

2. als der in den Fällen der §§ 9, 11 des Gesetzes zuständige Kommissar der Ober-Präsident der Provinz Ostpreußen

bestimmt.

Urkundlich unter Unserer Höchsteigenhändigen Unterschrift und beigedrucktem Königlichen Insiegel.

Gegeben Berlin im Schloß, den 23. März 1908.

(L. S.) **Wilhelm.**

Fürst v. Bülow. v. Bethmann Hollweg. v. Tirpitz. Frhr. v. Rheinbaben. Delbrück. Beseler. Breitenbach. v. Arnim. v. Moltke. Holle. Sydow.

C.

Allgemeine Verfügung vom 22. April 1908 zur Ausführung des Gesetzes, betreffend die Zulassung einer Verschuldungsgrenze für land- und forstwirtschaftlich genutzte Grundstücke, vom 20. August 1906.

(JMBl. 1908 Nr. 17 S. 200—202.)

Nachdem durch die Verordnung vom 23. März 1908 (GS. S. 65) das Gesetz, betreffend die Zulassung einer Verschuldungsgrenze für land- und forstwirtschaftlich genutzte Grundstücke, vom 20. August 1906 (GS. S. 389) für die in der Verordnung bezeichneten Landesteile zum 15. März 1908 in Kraft gesetzt worden ist, hat der Herr Minister für Landwirtschaft, Domänen und Forsten die hinter dieser Verfügung abgedruckten Ausführungsbestimmungen erlassen, die hierdurch zur Kenntnis der Justizbehörden gebracht werden.

Zur Ausführung desselben Gesetzes wird auf Grund des § 16 ebenda im Einvernehmen mit dem genannten Herrn Minister folgendes bestimmt:

I. Allgemeine Vorschriften.

§ 1.

Wird die Eintragung der Verschuldungsgrenze bei einem Grundstücke beantragt, so hat das Grundbuchamt nach dem Inhalte des Grundbuchs und der Grundakten sowie nach den Beleihungsbestimmungen der zuständigen Kreditanstalt zu prüfen, ob die im § 1 des Gesetzes bestimmten Erfordernisse der Eintragung vorliegen.

Erforderlichenfalls ist dem Eigentümer die Beibringung der im § 2 Abs. 2 des Gesetzes bezeichneten Bescheinigung aufzugeben.

§ 2.

Die Eintragung der Verschuldungsgrenze erfolgt in den Spalten 1 bis 3 der zweiten Abteilung des Grundbuchblatts mit den Worten: Verschuldungsgrenze nach dem Gesetze vom 20. August 1906. Sie ist außerdem in der Aufschrift nachrichtlich zu vermerken.

Von der Eintragung ist die zuständige Kreditanstalt zu benachrichtigen.

§ 3.

Wird nach der Eintragung der Verschuldungsgrenze die Eintragung einer Hypothek, Grundschuld oder Rentenschuld oder einer beständigen oder für eine bestimmte Zeit zu entrichtenden, dem Betrage nach bestimmten (festen) Geldrente oder eines Widerspruchs oder einer Vormerkung zur Sicherung eines Rechtes der vorbezeichneten Art beantragt, so hat das Grundbuchamt nach dem Inhalte des Grundbuchs und der Grundakten zu prüfen, ob die beantragte Belastung nach der im § 6 des Gesetzes vorgeschriebenen Berechnung dasjenige Vielfache des staatlich ermittelten Grundsteuerreinertrags nicht übersteigt, welches nach Artikel 73 des Ausführungsgesetzes zum Bürgerlichen Gesetzbuche für die Beleihung des Grundstücks mit Mündelgeld maßgebend ist.

Wird die Eintragung einer Sicherungshypothek im Wege der Zwangsvollstreckung wegen einer Geldforderung beantragt, so ist auch zu prüfen, ob die Eintragung nicht nach § 3 Abs. 2 des Gesetzes ohne Rücksicht auf die Verschuldungsgrenze zulässig ist.

Gilt für die einzutragende Belastung die Verschuldungsgrenze nicht, so ist dies in der Eintragung zu bemerken.

§ 4.

Gilt für die Belastung, deren Eintragung beantragt wird, die Verschuldungsgrenze, so ist die Zulässigkeit der Belastung nach § 5 Abs. 1, § 6 des Gesetzes auf Grund der im § 5 Abs. 2, 4 daselbst vorgesehenen Bescheinigung der zuständigen Kreditanstalt zu prüfen.

Im Falle des § 5 Abs. 4 des Gesetzes sind in dem Ersuchen an die Kreditanstalt die Größe, der Grundsteuerreinertrag und der Gebäudesteuernutzungswert des Grundstücks sowie die nach § 6 des Gesetzes anzurechnenden Beträge der vorhergehenden Rechte und des einzutragenden Rechtes anzugeben. Ein Vorschuß ist von dem Antragsteller nicht zu erfordern (Abs. 5 Satz 1 des Gesetzes).

Ist die Belastung zulässig, so ist in der Eintragung anzugeben, daß die Belastung innerhalb des für die Verschuldungsgrenze maßgebenden Betrags liegt; von ziffermäßiger Bezeichnung des Betrags ist abzusehen.

Würde die Belastung über die Verschuldungsgrenze teilweise hinausgehen, so ist dem Antragsteller gegebenenfalls nach § 18 der Grundbuchordnung eine Frist zur Beschränkung des Antrags zu bestimmen.

§ 5.

Soll ein Recht der im § 3 Abs. 1 bezeichneten Art unter Überschreitung der Verschuldungsgrenze eingetragen werden, so darf die Eintragung nur auf Grund der Genehmigung sowie der im § 12 Abs. 3 des Gesetzes vorgesehenen Bescheinigung des zuständigen Kommissars erfolgen. Auf die Übereinstimmung der einzutragenden Belastung mit dem Inhalte der Genehmigung ist besonders zu achten.

Die Eintragung (§ 9 Abs. 2 Satz 2 des Gesetzes) erfolgt lediglich an der für das einzutragende Recht bestimmten Stelle der zweiten oder dritten Abteilung.

Von der Eintragung ist der Kommissar sowie die zuständige Kreditanstalt zu benachrichtigen.

§ 6.

Auf die Löschung der Verschuldungsgrenze finden die Vorschriften des § 5 Abs. 1 Satz 1, Abs. 3 entsprechende Anwendung.

Die Löschung erfolgt in den Spalten 7, 8 der zweiten Abteilung. Gleichzeitig ist der Vermerk über die Eintragung der Verschuldungsgrenze in der Aufschrift rot zu unterstreichen.

§ 7.

Wird nach der Eintragung der Verschuldungsgrenze die Zwangsversteigerung des Grundstücks angeordnet, so soll die Bestimmung des Versteigerungstermins auch eine Angabe über die Eintragung der Verschuldungsgrenze und den diese bestimmenden Höchstbetrag enthalten. Zur Feststellung des Höchstbetrags hat das Vollstreckungsgericht die zuständige Kreditanstalt um die im § 8 Nr. 3 des Gesetzes vorgesehene Bescheinigung zu ersuchen.

Bleibt die Verschuldungsgrenze von der Zwangsversteigerung unberührt, so hat das Vollstreckungsgericht den sie bestimmenden Höchstbetrag bei dem im § 130 des Gesetzes über die Zwangsversteigerung und die Zwangsverwaltung vorgeschriebenen Ersuchen dem Grundbuchamte mitzuteilen. Bei der Eintragung der Sicherungshypotheken für die Forderung gegen den Ersteher soll, soweit sie nicht zugunsten der im § 10 Nr. 1 bis 4 desselben Gesetzes bezeichneten Ansprüche erfolgt, im Grundbuch auch ersichtlich gemacht werden, inwieweit die Hypothek die Verschuldungsgrenze überschreitet.

II. Besondere Vorschriften.

§ 8.

In dem durch die Verordnung vom 23. März 1908 bestimmten Geltungsgebiete des Gesetzes vom 20. Aug. 1906 sind für die Prüfung, ob ein Grundstück von der Ostpreußischen Landschaft beliehen werden darf, die in der Anlage wiedergegebenen Bestimmungen maßgebend.

Zum Richteramte befähigte Beamte der Ostpreußischen Landschaft (vgl. § 14 des Gesetzes) sind die bei deren Generallandschaftsdirektion angestellten Syndizi.

Berlin, den 22. April 1908.

Der Justizminister.

In Vertretung: Küntzel.

Anlage.

Von der Ostpreußischen Landschaft dürfen beliehen werden:

a) alle im Landschaftsbezirke belegenen Landgüter, einschließlich der Königlichen Domänen und Forsten, sofern ihr landschaftlich ermittelter Wert mindestens 1500 Mk. beträgt und sie sich außerdem ohne Rücksicht auf Nebenverdienst des Besitzers zu einer selbständigen Ackerwirtschaft eignen;

b) Grundstücke, welche in einer städtischen Feldmark liegen und sich zu einer selbständigen Nahrungsstelle durch Bodenbenutzung eignen, sofern ihr landschaftlich ermittelter Wert mindestens 1500 Mk. beträgt;

c) städtische Ländereien, welche mit ländlichen zu einer selbständigen Gutswirtschaft vereinigt sind, insofern der landschaftlich ermittelte Wert des Gesamtguts mindestens 1500 Mk. beträgt.

Wiesengrundstücke, die nach dem Verzeichnisse der Niederungsgüter zur Niederung gehören, dürfen auch ohne Gebäude und Inventar beliehen werden.

Änderungen der Grundsätze über die Beleihungsfähigkeit können nur durch eine Änderung der Satzung der Landschaft erfolgen. Die Satzungsänderungen werden in den Amtsblättern der Regierungen zu Königsberg i. Pr., Gumbinnen, Allenstein und Marienwerder bekanntgemacht.

D.

Ausführungsbestimmungen des Herrn Ministers für Landwirtschaft, Domänen und Forsten vom 4. April 1908 zu dem Gesetze, betreffend die Zulassung einer Verschuldungsgrenze für land- und forstwirtschaftlich genutzte Grundstücke, vom 20. August 1906.

(JMBl. 1908 Nr. 17 S. 203—205.)

Das Gesetz, betreffend die Zulassung einer Verschuldungsgrenze für land- und forstwirtschaftlich genutzte Grundstücke, vom 20. August 1906 (Gesetzsamml. S. 389) ist laut Königlicher Verordnung vom 23. März 1908 für die in der Verordnung bezeichneten Landesteile mit dem 15. März 1908 in Kraft getreten.

Zur Ausführung des Gesetzes wird im Einvernehmen mit dem Herrn Justizminister auf Grund des § 16 folgendes bestimmt:

1. Wird von einem Grundstückseigentümer die Erteilung der im § 2 Abs. 2 des Gesetzes vorgesehenen Bescheinigung beantragt, so hat die Kreditanstalt zu prüfen, ob die im § 1 des Gesetzes bestimmten Erfordernisse vorliegen. Die zur Beurteilung erforderlichen Unterlagen sind vom Eigentümer beizubringen. Gegebenenfalls ist die Bescheinigung dahin zu erteilen, daß das

Grundstück ein land- oder forstwirtschaftlich genutztes Grundstück ist, und daß es von der die Bescheinigung ausstellenden Kreditanstalt beliehen werden darf.

Als land- oder forstwirtschaftlich genutzte Grundstücke sind, abgesehen von Einzelgrundstücken dieser Art, alle Liegenschaften anzusehen, die eine ihrem Hauptzwecke nach der Land- oder Forstwirtschaft dienende Besitzung bilden (siehe Begründung des Gesetzes).

2. Die nach Eintragung der Verschuldungsgrenze gemäß § 5 Abs. 2 zu erteilende Bescheinigung ist dahin auszustellen, daß das zu belastende Grundstück bis zu einem ziffermäßig anzugebenden Betrage beliehen werden darf. Es wird besonders darauf hingewiesen, daß, wenn bei Feststellung dieses Betrags vorgehende Belastungen bereits berücksichtigt sind, dies in der Bescheinigung ersichtlich zu machen ist.

In der Bescheinigung braucht nicht immer der zurzeit zulässige Darlehnshöchstbetrag angegeben zu werden, zu dessen Feststellung unter Umständen eine besondere Taxierung des Grundstücks erforderlich ist. Vielmehr wird es für die Prüfung der Zulässigkeit einer Belastung häufig genügen, wenn die Kreditanstalt auf Grund des Grundsteuerreinertrags oder einer älteren Taxe bescheinigt, daß eine Beleihung des Grundstücks bis zu dem beantragten ziffermäßig anzugebenden Betrage jedenfalls satzungsgemäß zulässig sein würde.

Abgesehen von dem Falle des § 5 Abs. 4 ist zur Stellung des Antrags auf Erteilung der Bescheinigung nur der Eigentümer berechtigt.

Wird die Bescheinigung vom Amtsgericht erfordert (§ 5 Abs. 4), so darf ein Kostenvorschuß nicht eingezogen werden.

3. Die im Falle der Zwangsversteigerung eines Grundstücks auf Ersuchen des Gerichts gemäß § 8 Nr. 3 zu erteilende Bescheinigung hat stets den zulässigen Darlehnshöchstbetrag anzugeben. Die Erledigung des Ersuchens des Gerichts ist nach Möglichkeit zu beschleunigen.

Die Kosten sind bei dem ersuchenden Gericht als Kosten des Verfahrens anzumelden.

4. Anträge auf Erteilung der Genehmigung zur Überschreitung der Verschuldungsgrenze können nur vom Grundstückseigentümer gestellt werden (§ 9 Abs. 2). Der Antrag ist bei dem durch Königliche Verordnung bestimmten Kommissar anzubringen. Dieser hat zu prüfen, ob die beabsichtigte Belastung sich innerhalb der im § 9 Abs. 1 bestimmten Höchstgrenze hält. Das hierzu erforderliche Material (begl. Grundbuchblattabschrift, Bescheinigung der Kreditanstalt über den zulässigen Darlehnshöchstbetrag) ist vom Eigentümer einzufordern. Ist die Höhe der Belastung danach unzulässig, so ist der Antrag, sofern der Eigentümer ihn nicht entsprechend beschränkt, zurückzuweisen, ohne daß es einer vorherigen Anhörung der Kreditanstalt bedarf. Andernfalls ist er der Anstalt zur Äußerung mitzuteilen.

Die Entscheidung, in welcher anzugeben ist, daß sie durch die nach § 12 des Gesetzes innerhalb einer Frist von zwei Wochen bei dem Kommissar anzubringenden

Beschwerde angefochten werden kann, ist der Kreditanstalt und dem Eigentümer gegen Zustellungsurkunde zuzustellen. Ist die Genehmigung zur Überschreitung der Verschuldungsgrenze erteilt, so ist nach fruchtlosem Ablaufe der Beschwerdefrist (§ 12) dem Eigentümer eine Bescheinigung, daß die Genehmigung unanfechtbar geworden ist (§ 12 Abs. 3), von Amts wegen zu erteilen. Dasselbe gilt, wenn die zur Einlegung der Beschwerde berechtigte Partei (§ 12 Abs. 2) auf Einlegung des Rechtsmittels ausdrücklich schriftlich verzichtet hat.

Von Erteilung der Bescheinigung ist der Kreditanstalt Mitteilung zu machen.

In der Genehmigungsurkunde sind die Bedingungen, an welche die Genehmigung geknüpft ist, genau anzugeben; auch sind der für die Verschuldungsgrenze maßgebende und der darüber hinaus einzutragende Betrag ziffermäßig zu bezeichnen.

5. Eine erschöpfende Aufzählung der Fälle, in denen eine Überschreitung der Verschuldungsgrenze zulässig ist, ist nicht möglich. Der Kommissar hat nach pflichtmäßigem Ermessen von Fall zu Fall zu entscheiden. Außer dem im § 9 Abs. 2 vorgesehenen Falle der Eintragung von Erbabfindungen von Pflichtteilsberechtigten kann die Überschreitung der Verschuldungsgrenze für zulässig erachtet werden, behufs Eintragung von Meliorationskredit zur Durchführung von Meliorationen, die eine dauernde Wertserhöhung des Grundstücks gewährleisten. Hier ist jedoch in jedem einzelnen Falle vor Erteilung der Genehmigung die Zweckmäßigkeit und Rentabilität des

geplanten Unternehmens (und die Sicherstellung der Unterhaltung der Anlagen) sorgfältig zu prüfen. Auch bei besonderen unverschuldeten Unglücksfällen, bei denen die Verweigerung der Genehmigung zu Härten gegen den Eigentümer führen und seine Existenz gefährden würde, kann die Genehmigung zur Überschreitung der Verschuldungsgrenze erteilt werden. Als leitender Grundsatz ist jedoch festzustellen, daß eine Überschreitung nur ausnahmsweise und für eine bestimmte einzelne Belastung zulässig ist.

Ein besonderes Augenmerk ist darauf zu richten, daß die über die Verschuldungsgrenze hinaus eingetragenen Belastungen zeitlich beschränkt sind, und daß die Entstehung von Hypotheken, die der freien Verfügung des Eigentümers unterliegen und das Grundstück dauernd zu belasten geeignet sind, vermieden wird. Die Genehmigung ist daher — wenn angängig — mit der Maßgabe zu erteilen, daß die Belastungen einer scharfen Tilgung unterliegen. Besonders für den Meliorationskredit ist dies zu beachten.

Bei tilgbaren Lasten sind in der Genehmigung die Verzinsungs- und Tilgungsbedingungen anzugeben; es ist zum Ausdrucke zu bringen, daß die Belastung mit Ablauf der Tilgungsperiode oder nach Maßgabe des Tilgungsplans oder zu einem anderweit zu bestimmenden Zeitpunkt erlischt. Die Löschung einer so befristeten Belastung ist vom Kommissar von Amts wegen zu überwachen; er hat gegebenenfalls das Grundbuchamt um Löschung zu ersuchen.

6. Anträge auf Erteilung der Genehmigung zur Löschung der Verschuldungsgrenze sind an den Kommissar zu richten, sie können nur von dem Grundstückseigentümer gestellt werden. Bezüglich der formellen Behandlung der Anträge, insbesondere bezüglich der Anhörung der Kreditanstalt, der Zustellung und der Bescheinigung über die Unanfechtbarkeit der Genehmigung gelten die zu Nr. 5 für die Anträge auf Genehmigung der Überschreitung der Verschuldungsgrenze gegebenen Vorschriften.

7. Auch die Fälle, in denen eine Löschung der Verschuldungsgrenze in Frage kommen kann, lassen sich nicht im einzelnen aufzählen. Es mag daher hier nur auf folgendes hingewiesen werden:

Nach § 11 Abs. 3 des Gesetzes ist die Genehmigung zu erteilen, wenn die im § 1 des Gesetzes bezeichneten Voraussetzungen nicht mehr vorliegen, also wenn das Grundstück die Eigenschaft eines land- oder forstwirtschaftlich genutzten Grundstücks verloren hat, oder wenn es aus irgendwelchen Gründen aufhört, für die zuständige Kreditanstalt beleihungsfähig zu sein. Auch wenn das Grundstück dauernd in das Eigentum des Staates oder einer Gemeinde übergeht, oder wenn es Fideikommißeigenschaft erlangt, besteht an Erhaltung der Verschuldungsgrenze kein Interesse mehr. Ferner kann in Löschung der Verschuldungsgrenze gewilligt werden, wenn der Eigentümer aus beachtenswerten Gründen beabsichtigt, die im § 1 des Gesetzes geforderten Voraussetzungen zu beseitigen, wenn er z. B. das Grundstück ganz oder teilweise zu industriellen oder baulichen Zwecken zu verwenden beabsichtigt. Auch wird die Genehmigung zu erteilen sein, wenn Trennstücke abveräußert werden, die im Verhältnisse zur Gesamtheit der mit der Verschuldungsgrenze belasteten Grundstücke desselben Eigentümers von geringem Werte und Umfange sind. In diesem Falle wird das von der Auseinandersetzungsbehörde, bzw. von der Landschaft (Ritterschaft) etwa erteilte Unschädlichkeitszeugnis, das die Verschuldungsgrenze an sich nicht berührt, für die Entscheidung des Kommissars die Unterlage bilden. Die Genehmigung ist in diesem Falle dahin zu erteilen, daß in die Abschreibung der abveräußerten Parzellen ohne Mitübertragung der Verschuldungsgrenze gewilligt wird.

8. Die von der Kreditanstalt auszustellenden Bescheinigungen (§§ 2, 5) sowie die von dem Kommissar auszustellenden Bescheinigungen und Genehmigungen sind in der Form des Artikel 9 AGGBO. zu erteilen.

E.

Die Entschuldungsmaßregeln der Ostpreußischen Landschaft.

1. Allerhöchster Erlaß vom 23. März 1908 betr. den I. Nachtrag zur Ostpreußischen Landschaftsordnung vom 7. Dezember 1891

(RA. Nr. 135 vom 10. Juni 1908 abends).

Auf den Bericht vom 16. März d. J. will Ich dem anbei zurückfolgenden Nachtrage I zur Ostpreußischen Landschafts-Ordnung vom 7. Dezember 1891 die landesherrliche Genehmigung unter folgenden Bedingungen erteilen:

1. In den § 1 der Vorlage ist folgende Vorschrift als Abs. 1 einzustellen:

   „Der § 16 der Landschafts-Ordnung erhält folgenden Absatz 2:

   „Die Vorrechte der Inhaber der vor dem Inkrafttreten dieses Nachtrages ausgegebenen Pfandbriefe bleiben unberührt."

2. Als Abs. 3 ist in den § 1 der Vorlage folgende Vorschrift aufzunehmen:

   „Bei der weiteren Ausgabe von Pfandbriefen ist das durch § 133 der Landschafts-Ordnung vorgeschriebene Muster durch eine Bezugnahme auf diesen Nachtrag zu ergänzen."

3. Die Erhöhung der nach § 9 Abs. 1 des Nachtrages für die Etatsperiode 1907/10 auf

10 Millionen Mark festgesetzten Gesamtsumme der zur Gewährung von Darlehen auszugebenden Pfandbriefe und Schuldverschreibungen wird von der Zustimmung des Justizministers und des Ministers für Landwirtschaft, Domänen und Forsten abhängig gemacht.

Berlin, den 23. März 1908.

gez. **Wilhelm R.**

ggez. Beseler. v. Arnim.

An
den Justizminister und den
Minister für Landwirtschaft,
Domänen und Forsten.

2. I. Nachtrag zur Ostpreußischen Landschafts-Ordnung vom 7. Dezember 1891.

Ausgabe von 1905.

Die landschaftlichen Entschuldungsmaßregeln.

Abschnitt I.

§ 1.[1])

Abs. 1. Der § 16 der Landschafts-Ordnung erhält folgenden Abs. 2:

Die Vorrechte der Inhaber der vor dem Inkrafttreten dieses Nachtrages ausgegebenen Pfandbriefe bleiben unberührt.

---

[1]) In der von der Allerhöchsten Bestätigungsorder festgesetzten Fassung.

Abs. 2. § 18 Abs. 1 der Landschafts-Ordnung erhält folgende Fassung:

> Die Gesamtsumme der auf ein Gut zu bewilligenden Pfandbriefe darf 5/6 des nach den landschaftlichen Abschätzungs-Grundsätzen ermittelten und durch das Taxrevisions-Kollegium oder den Taxrevisions-Ausschuß festgesetzten Gutswertes nicht überschreiten. Eine Beleihung über 2/3 bis 5/6 des Taxwerts soll jedoch nur zum Zwecke der Entschuldung — § 4 — erfolgen, wenn für das Gut die Verschuldungsgrenze nach Maßgabe des Gesetzes betreffend die Zulassung einer Verschuldungsgrenze für land- oder forstwirtschaftlich genutzte Grundstücke vom 20. August 1906 (GS. S. 389) im Grundbuche eingetragen und zugleich die Schuldentilgungspflicht — § 7 — übernommen ist.

Abs. 3. Bei der weiteren Ausgabe von Pfandbriefen ist das durch § 133 der Landschafts-Ordnung vorgeschriebene Muster durch eine Bezugnahme auf diesen Nachtrag zu ergänzen.

1. Der Vorbehalt für die bisher ausgegebenen Pfandbriefe entspricht dem jetzigen § 196 Abs. 1 LO.:

> „Die Vorrechte der Inhaber der im § 9 des Allerhöchsten Erlasses vom 23. Juni 1866 (GS. S. 343) näher bezeichneten, in der Einlösung begriffenen Pfandbriefe bleiben unberührt."

Der Vorbehalt des § 196 cit. beruht auf dem Regulativ vom 23. Juni 1866, wodurch die landschaftliche Beleihungsgrenze von 1/2 auf 2/3 des landschaftlichen Taxwerts ausgedehnt wurde. Damals wurde auch für die neu auszugebenden Pfandbriefe ein neues Formular vorgeschrieben, das jedoch bereits nach sechs Jahren durch Regulativ vom 6. April 1872 wieder wegfiel. Die Bedeutung dieses Vorbehalts war damals ebenso streitig, wie sie es jetzt nach den landschaftlichen Entschuldungsmaßregeln ist. Für die Beurteilung kommt es wesentlich auf die Natur der den Pfandbriefsinhabern zustehenden Rechte an. Diese sind alle gleich (§ 16 LO.). Eine Ausnahme machten nur die auf ein bestimmtes Gut ausgefertigten, sogenannten Spezialpfandbriefe, welche jedoch seit 1859 nicht mehr ausgegeben werden und bis auf einen Betrag von etwa 6000 Mk. eingelöst und aus dem Verkehr gezogen sind (§ 184 LO.). Diese Spezialpfandbriefe geben den Inhabern ein eigenes Hypothekenrecht an dem verpfändeten Gute, während ihnen andererseits die Hypothekenforderungen der Landschaft, über die Pfandbriefe ohne Benennung eines bestimmten Pfandgutes ausgegeben sind, also bis auf 6000 Mk. alle zurzeit in der Versur befindlichen Pfandbriefe, nicht verhaftet sind. Die letzteren Pfandbriefe, d. h. alle nach 1859 ausgegebenen Pfandbriefe, sogenannte Pfandbriefe neueren Systems, geben den Inhabern weder ein Pfandrecht an bestimmten Gütern oder Hypothekenforderungen noch ein Vorzugsrecht im etwaigen Konkurse der Landschaft (Turnau Bd. II zu Art. 21 Pr. AGGBO. Anm. 3a, v. Brünneck S. 169 ff., Hermes zu 4). Sie begründen nur ein persönliches Forderungsrecht gegen die Landschaft, das, abgesehen von der Sicherung, die in der landschaftlichen Verwaltung und der den ganzen beleihungsfähigen Grundbesitz des Landschaftsbezirks einschl. der staatlichen Domänen und Forsten umfassenden Generalgarantie liegt, durch das landschaftliche Vermögen, zu dem die Hypothekenforderungen gehören, gesichert ist (§ 14 LO.). Für die Spezialpfandbriefe bedeutet dieser Vorbehalt ein bevorzugtes Pfandrecht an dem bestimmten, ihnen verpfändeten Gute. Für die übrigen kann ein Realrecht überhaupt nicht in Frage kommen, ebensowenig begründet aber der Vorbehalt für sie ein Vorrecht im Konkurse (§ 1279 BGB., § 48 RKO.). Denn dazu bedarf es einer landesgesetzlichen Regelung in Ausführung des § 43 RHBG. vom 4. 12. 99, die zurzeit noch nicht erfolgt ist. Die Sicherheiten der neu zur Ausgabe kommenden Pfandbriefe sind die gleichen, wie die der bisher seit 1859 ausgegebenen. Insbesondere haftet die Generalgarantie einschl. der staatlichen Domänen und Forsten für beide gleichmäßig. Es werden deshalb auch wie bisher nur Pfandbriefe nach einem einheitlichen Typ ausgegeben. Der Vorbehalt hat hier nur die Bedeutung einer clausula generalis ohne bestimmten und kaum bestimmbaren Inhalt, die auch für die entferntesten Möglichkeiten den jetzigen Pfandbriefsinhabern alle etwaigen Rechte auf öffentlichem und privatem Gebiet sichern will, wenn diese durch die Entschuldungsmaßregeln berührt werden sollten.

2. Mit der Bestimmung des § 18 Abs. 2 wird das fünfte Sechstel des landschaftlichen Taxwerts statutenmäßig in die Beleihungsgrenze der Landschaft einbezogen und damit die Verschuldungsgrenze dauernd hinter das fünfte Sechstel gesetzt. Die Ostpreußische Landschaft entspricht auf diese Weise einer bereits in der Kommission des Abgeordnetenhauses gegebenen Anregung (Kommissionsbericht S. 4749). Sie kann dies tun, weil ihre Taxen so niedrig sind, daß die jetzige $^2/_3$-Beleihung in der Regel kaum 50 % des reellen Verkaufspreises erreichen und auch eine weitere Beleihung bis $^5/_6$ innerhalb 60 bis 65 % des Verkaufspreises bleibt, wobei für die Sicherheit der Pfandbriefsinhaber noch in Betracht kommt, daß in Ostpreußen der Wert der staatlichen Domänen und Forsten, allein mit 400 Mk. pro Hektar berechnet, bereits die Hälfte der ganzen Pfandbriefsversur deckt. Überdies ist die Summe der auf das fünfte Sechstel auszugebenden Pfandbriefe zusammen mit den Meliorationsschuldverschreibungen für die Zeit bis

1. April 1910 auf 10 Mill. Mk. beschränkt (§ 9 OE.). Gleichwohl geht die Landschaft nicht allgemein von der $^2/_3$-Beleihungsgrenze ab. Im allgemeinen soll vielmehr als Sicherheitsfaktor gegen immerhin mögliche einzelne zu hohe Taxen das letzte Drittel des Taxwerts auch später frei bleiben. Auf ihn will die Landschaft nur unter den vorgesehenen Bedingungen verzichten, unter denen die Sicherheit anderweitig gewährleistet ist (§§ 2, 4, 7 OE.). Diese Regelung der Beleihungs- und Verschuldungsgrenze hat bei den niedrigen Ostpr. Taxen von dem Gesichtspunkte der materiellen Sicherheit aus keine Bedenken. Sie berührt die Interessen der zeitigen Pfandbriefsinhaber weit weniger, als wenn die Taxprinzipien erhöht und damit eine allgemeine Steigerung der Pfandbriefsbeleihung für alle Güter zugelassen worden wäre, wie dies vielfach von Gegnern der OE. vorgeschlagen worden ist. Sie hat zur Folge, daß auf ein der Verschuldungsgrenze unterworfenes Gut bis $^5/_6$ des landschaftlichen Taxwerts nicht nur von der Landschaft ein landschaftliches Darlehn, sondern jeder andere Kredit eingetragen werden kann. Die Mündelsicherheit der Pfandbriefe wird durch die Ausdehnung der Beleihungsgrenze nicht berührt (Art. 74 Nr. 3 Pr. AGBGB.). Für diese ist entscheidend, daß sie von der Landschaft auf Grund staatlich genehmigter Satzungen ausgegeben werden. Ist dies der Fall, so muß angenommen werden, daß bei der Staatsaufsicht über die Verwaltung und dem eigenen Interesse der Landschaft an der Vermeidung zweifelhafter Beleihungen die Sicherheit genügend gewährleistet ist und es auf die Quote des Taxwerts, bis zu der beliehen werden kann, nicht ankommt. Die Gewährung des Spannungskredits (§§ 5, 6) enthält keine Erweiterung der Beleihungs- und Verschuldungsgrenze, weil er nicht in landschaftlichen Pfandbriefen gegeben wird und deshalb nicht als landschaftliche Beleihung im Sinne des § 1 Ges. angesehen werden kann.[1])

3. Die Pfandbriefe werden wie bisher in einer Kate-

[1]) a. A. „Übersicht über die Entwicklung usw." S. 102.

gorie und nach einem *einheitlichen* Muster ausgegeben. Das bisherige Muster wird lediglich durch den Hinweis auf den Entschuldungsnachtrag ergänzt. Die fortan verwendeten Muster für Pfandbriefe, Zinsscheine und Zinsscheinanweisungen sind nebenstehende.

Nach einer in Aussicht genommenen Neuredaktion der Landschaftsordnung, bei der die Entschuldungsmaßregeln in den bisherigen Text mit aufzunehmen wären, würde sich eine besondere Bezugnahme auf den Entschuldungsnachtrag erübrigen und fortfallen.

Infolge der Änderung des Musters mußten die Ostpreußischen Pfandbriefe durch die Landesregierung von neuem zum Börsenhandel zugelassen werden. Es geschah dies auf Grund des § 40 Abs. 1 des Börsengesetzes vom $\frac{\text{22. Juni 1896}}{\text{8. Mai 1908}}$ (RGBl. 1908 S. 215) für die in Betracht kommenden Börsen Berlin und Königsberg i. Pr. durch Erlaß des Ministers für Handel und Gewerbe vom 6. Juni 1908, in dem angeordnet wurde, daß es vor der Einführung der von der Ostpreußischen Landschaft bis zum 1. Juli 1910 auszugebenden Ostpreußischen Pfandbriefe der Einreichung eines Prospekts nicht bedarf. Mit dieser Anordnung gilt die Zulassung der Pfandbriefe zum Börsenhandel an den genannten Börsen als erfolgt. Von der Angabe eines bestimmten Betrages von Pfandbriefen konnte nach dem geltenden Gesetz abgesehen werden. Dagegen ist das Zulassungsprivileg auf eine bestimmte Zeit beschränkt und eine periodische Verlängerung in Aussicht genommen. Über die wesentlichen Merkmale der Pfandbriefe hat die Landschaft eine Bekanntmachung in den gelesensten Zeitungen Berlins und Königsbergs i. P. erlassen. Nach diesen Maßnahmen sind die neu ausgegebenen Pfandbriefe gleich den bisherigen lieferbar, was durch ausdrückliche Erklärung der betreffenden Börsenorgane auf Grund des Notierungsantrages der Landschaft festgestellt ist. Damit stehen die Pfandbriefe hinsichtlich des Börsenhandels völlig den Staatspapieren gleich.

5000 | 3 Proz. 5000

Privilegierter Adler *Pfandbrief*
der Ostpreußischen Landschaft

Buchstabe A | über | Nr. 00000

Fünftausend Mark

Deutscher Reichswahrung in Gemäßheit der Ostpreußischen Landschafts-Ordnung vom 7. Dezember 1891 (Ausgabe 1905) und deren 1. Nachtrags vom 23. März 1908 auf eine gleichnamige Hypothekenforderung, sowie auf die Sicherheitsfonds der Landschaft und die Garantie der Ostpreußischen Landschaft gegründet, trägt .... Prozent jährliche Zinsen und darf vom Inhaber nicht gekündigt werden.

Konigsberg, den . ...ten .... 19.....

Ostpreußische General-Landschafts-Direktion.

Nach Einsicht der betreffenden Hypothekenurkunden beglaubigt von dem Syndikus der Ostpreußischen General-Landschafts-Direktion.

Eingetragen im Pfandbrief-Register Bl .... Nr. ....

Der Kontrollbeamte ....

5000 | *Ostpreußischer Pfandbrief.* | 5000

Ungültig, wenn eine Ecke abgeschnitten ist.

...... Prozent

.... Mk.

...... Prozent

Gegen Einlieferung dieses Zinsscheins von dem Ostpreußischen

..Mk. **Pfandbrief** Nr...

Buchstabe .... Nr. .... über .... Mk.

werden die halbjährigen Zinsen für den .... Termin 19
zu Prozent mit

.... Mk.

.... Mk.

bei der General-Landschafts-Kasse zu Königsberg und an den umseitig bezeichneten oder öffentlich bekanntgemachten Orten vom

.... 19...... ab gezahlt.

Ostpreußische General-Landschafts-Direktion.

Adler

(Zinsschein-Stempel.)

Eingetragen im Zinsschein-Register.

Der Kontrollbeamte ......

Dieser Zinsschein ist nach dem 31. Dezember 19.......... ungültig.

...... Prozent

.... Mk.

...... Prozent

Ungültig, wenn eine Ecke abgeschnitten ist.

[Rückseite.] Zahlbar bei der Reichsbank in Berlin und bei allen Reichsbankhauptstellen und Reichsbankstellen mit Ausnahme der Reichsbankhauptstelle zu Königsberg.

.... Prozent | .... Mk. | .... Prozent

Zinsschein-Anweisung

zum Ostpreußischen .... prozentigen Pfandbrief

Buchstabe .... Nr. .... über .... Mk.

Der Vorzeiger dieser Zinsschein-Anweisung erhält bei der Ostpreußischen General-Landschafts-Kasse zu Königsberg und an den öffentlich bekanntgemachten Orten zu dem genannten Pfandbriefe die neue Reihe Zinsscheine für .... 19.. usw., wenn nicht der Inhaber des Pfandbriefs dagegen Einspruch erhebt.

Wird diese Zinsschein-Anweisung bis zum .... 19.... nicht vorgezeigt, so kann der Pfandbrief-Inhaber ohne weiteres die neuen Zinsscheine erhalten.

Ostpreußische General-Landschafts-Direktion.

(Zinsschein-Stempel.) Adler Eingetragen im Zinsschein-Register.

Bl. .... Nr.

Der Kontrollbeamte ....

.... Prozent | .... Mk. | .... Prozent

Abschnitt II.

§ 2.

Abs. 1. Besitzer, welche für ihr Gut die Verschuldungsgrenze nach Maßgabe des Gesetzes vom 20. August 1906 (GS. S. 389) im Grundbuche eintragen lassen — § 1 — sowie die Schuldentilgungspflicht — § 7 — übernehmen, können zum Zwecke der Entschuldung ihres Gutes einen erweiterten landschaftlichen Kredit auf Grund der nachstehenden Bestimmungen — §§ 3 bis 6 — beantragen.

Abs. 2. Wird die Überschreitung der Verschuldungsgrenze nach Maßgabe des § 9 des Gesetzes vom 20. August 1906 genehmigt, so ist die General-Landschaftsdirektion berechtigt, einen angemessenen Teil des Pfandbriefsdarlehens mit dreimonatlicher Frist zurückzufordern.

Abs. 3. Wird die Verschuldungsgrenze im Grundbuche nach Maßgabe des § 11 des Gesetzes vom 20. August gelöscht, so ist der über ²/₃ des Taxwerts ausgegebene Pfandbriefsbetrag binnen dreimonatlicher Frist zurückzuzahlen. Auch ist die Direktion berechtigt, in diesem Falle den innerhalb ²/₃ des Taxwerts liegenden Pfandbriefsbetrag mit gleicher Frist teilweise zurückzufordern.

1. Die Gewährung des erweiterten Kredits ist von der Eintragung der Verschuldungsgrenze und der Übernahme der Schuldentilgungspflicht (§ 7) abhängig. Der Eintragungsantrag ist dahin zu stellen:

> Als Grundstückseigentümer beantrage ich im Grundbuche von . . . die Verschuldungsgrenze nach dem Gesetze vom 20. August 1906 einzutragen.

Für die Form derselben gilt das zu § 2 Ges. Gesagte. In der Praxis würde es sich empfehlen, zunächst durch Antrag bei der General-Landschaftsdirektion festzustellen, ob und in welcher Höhe der erweiterte Kredit von der Landschaft gewährt werden würde. Mit diesem Antrage muß der Landschaft die jetzige Belastung durch Beibringung einer Grundbuchblattsabschrift nachgewiesen und dargelegt werden, in welcher Weise der beantragte Mehrkredit verwendet werden soll, welche Post zur Ablösung kommen soll, mit welcher Vorrecht eingeräumt werden soll und welche weitere Post etwa noch vor Eintragung der Verschuldungsgrenze eingetragen werden soll. Von der Höhe der Gesamtbelastung wird es mit abhängen, ob die Landschaft den Mehrkredit bewilligt oder versagt, weil die Überschuldung so groß ist, daß eine Durchführung der Entschuldung in absehbarer Zeit nicht zu erwarten ist.

2. Der Mehrkredit wird nur zum Zwecke der Entschuldung gegeben. Er ist im Gegensatz zu dem Pfandbriefsdarlehen innerhalb $^{2}/_{3}$ des landschaftlichen Taxwerts ein Zweckdarlehen mit vorgeschriebenem Zweck und mit genauer Prüfung der Verwendung.

3. Wenn eine Überschreitung oder Löschung der Verschuldungsgrenze von dem Königlichen Kommissar mit oder ohne Zustimmung der Landschaft genehmigt wird, so verändert sich damit die Voraussetzung für den etwa bewilligten Mehrkredit der Landschaft. Die Landschaft ist daher berechtigt, ihre früheren Bewilligungen zurückzuziehen oder zu beschränken. Bei der Löschung der Verschuldungsgrenze kommt in Betracht, daß unter Umständen, wenn der Taxwert nach § 3 erhöht war, auch der $^{2}/_{3}$-Kredit zu dem bisherigen Betrage nur bei einem schuldbegrenzten Gute gerechtfertigt war und deshalb nach der Löschung insoweit herabgesetzt werden muß, als der durch die Verschuldungsgrenze bewirkten Erhöhung entspricht.

§ 3.

Bei Abschätzung solcher Güter — § 2 — finden die Abschätzungs-Grundsätze der Ostpreußischen Landschaft mit folgenden Abänderungen Anwendung.

Zuschläge.

Die zulässige Höchstgrenze des Taxzuschlages wird von 15 auf 25% erhöht. Er kann bei Gütern mit erhöhten Kapitalswerten gewährt werden:

a) wenn alle Erfordernisse für die erhöhten Kapitalswerte zutreffen und

b) wenn dem Taxwert außerdem noch ganz besonders hervortretende individuelle Verhältnisse zustatten kommen, die eine dauernde Wertsteigerung bedingen und in den Wertsätzen überhaupt nicht oder nicht voll zum Ausdruck kommen können.

Unter der Voraussetzung zu b darf dieser Taxzuschlag auch Gütern mit ordentlichen Kapitalswerten zugebilligt werden.

Die einen Taxzuschlag nach Lit. b begründenden besonderen Verhältnisse müssen eingehend dargelegt und im einzelnen nachgewiesen werden.

1. Eine besondere Schätzung nach erhöhten Sätzen, wie sie die Vorlage ursprünglich vorsah, erfolgt für die Güter, die sich der Verschuldungsgrenze unterwerfen, nicht. Der Ostpreußische Landtag hielt eine verschiedene Gestaltung der Wertsätze für die gleichen Bodenklassen der schuldbegrenzten einerseits und der frei verschuldbaren Güter andererseits mit dem Sinne der landschaftlichen Taxgrundsätze nicht für vereinbar. Immerhin gibt das Gesetz durch Erhöhung des

Zuschlages die Möglichkeit, für erstere Güter den Taxwert und damit die Beleihung sowohl für die $^2/_3$ wie für die $^5/_6$-Beleihung zu erhöhen. Diese Erhöhung setzt aber voraus, daß die allgemeinen für die Anwendung eines Zuschlages überhaupt vorgesehenen Voraussetzungen vorliegen, und kann nur durch Festsetzung des Taxrevisionskollegiums oder des Taxrevisionsausschusses erfolgen. Es handelt sich bei dem höheren Zuschlag nicht so sehr um eine höhere Schätzung, als um eine pauschale Erhöhung des ermittelten Schätzungswerts, die sich aus der Erwägung rechtfertigt, daß die Sicherheit der Beleihung durch die Regelung des Entschuldungsverfahrens bedeutend erhöht wird und deshalb die in dem Zurückbleiben des Schätzungswerts hinter dem reellen Ertrags- und Verkaufswert liegende Sicherheit ohne Gefährdung der Landschaft etwas gemindert werden darf.

2. Die allgemeinen Voraussetzungen für die Anwendung eines Zuschlages sind hier etwas anders formuliert wie die für die freiverschuldbaren Güter maßgebenden Bestimmungen. Nach den letzteren wird erfordert außer der Voraussetzung zu a

> daß dem Taxgute noch ganz besonders hervortretende bleibende Verhältnisse zustatten kommen, wie beispielsweise die Nähe größerer Städte und die dadurch ermöglichte leichte und billige Beschaffung städtischen Düngers oder die einem besseren Absatz der Gutserträge dienende Nachbarschaft von ständigen Fabriken.

Diese Aufzählung einzelner, die Zuschläge rechtfertigende Verhältnisse ist hier unterblieben, weil damit doch kein erschöpfendes Bild von dem Anwendungsgebiet der Zuschläge gegeben werden kann. Anstatt dessen wird allgemein verlangt, daß die besonders hervortretenden Verhältnisse „individuelle", dem einzelnen Gut eigene sind und eine „dauernde Wertsteigerung" bedingen. Die Feststellung der hierfür wesentlichen Umstände erfolgt in der Taxverhandlung, auf Grund deren vom Taxrevisionskollegium oder Taxrevisionsausschuß die Taxe festgesetzt wird (§§ 35, 36 der AbschGrundſ. der OL. [Ausgabe 1908]). Die verschiedene Formulierung der Zuschlagsvoraussetzungen für schuldbegrenzte und freiverschuldbare Güter bedeutet keine sachliche Verschiedenheit und ist nur auf ein Versehen bei den landschaftlichen Landtagsarbeiten zurückzuführen. Wenn daher die Voraussetzungen für die Gewährung eines Zuschlages bei der Abschätzung eines Gutes überhaupt nicht vorliegen, kann ein solcher auch nicht bei der Eintragung der Verschuldungsgrenze in Frage kommen. Andererseits aber kann ein Gut, dem ohne Rücksicht auf die Eintragung der Verschuldungsgrenze ein Zuschlag zugebilligt ist, damit den Antrag auf Erhöhung dieses Zuschlages begründen und eine Würdigung nach dieser Richtung hin erwarten. In allen Fällen ist aber die Erhöhung eines früheren Taxwerts aus Anlaß der Eintragung der Verschuldungsgrenze, auch wenn es sich nur um Zubilligung eines höheren Zuschlags handelt, nur durch Aufnahme einer neuen Taxe zulässig. Es folgt dies daraus, daß die Gewährung und Bemessung des Zuschlages zum Taxverfahren gehört, und der landschaftliche Taxwert nicht das kalkulatorisch zu ermittelnde Resultat einzelner zahlenmäßig bestimmter Einzelwerte darstellt, sondern wenn er sich auch aus Einzelwerten zusammensetzt, doch ebensosehr als Einheit und Gesamtwert ermittelt wird, bei dem die Einzelwerte unter Umständen zugunsten des richtigen Gesamtresultates reduziert werden müssen. Insbesondere trifft dies zu bei den Zuschlägen, die ohne spezielle Wertunterlagen nach allgemeinen Eigenschaften des Gutes bemessen werden und die daher nur insoweit zugestanden werden dürfen, als sie in den angenommenen Einzelwerten nicht zum Ausdruck gekommen sind. Des weiteren ergibt sich hieraus, daß die vor dem Inkrafttreten der Entschuldungsmaßregeln aufgenommenen und festgesetzten Taxen durch Gewährung des für die schuldbegrenzten Güter möglichen höheren Zuschlages nur nach Aufnahme einer neuen

Taxe erhöht werden dürfen, die nach allgemeinen Bestimmungen nicht vor Ablauf von 6 Jahren nach der letzten Taxfestsetzung zulässig ist (§ 50 Abs. 2 AbschGrunds. d. OL. [Ausgabe 1908]). Bei den nach dem Inkrafttreten der Entschuldungsmaßregeln zur Festsetzung kommenden Taxe ist unter Umständen ein doppelter Taxwert — ohne und mit Eintragung der Verschuldungsgrenze — festzusetzen.

§ 4.

Abs. 1. Mit Genehmigung der General-Landschaftsdirektion und unter den von ihr festzusetzenden Bedingungen dürfen solche Güter — § 2 — zum Zwecke der Entschuldung über $^{2}/_{3}$ bis höchstens $^{5}/_{6}$ des Taxwertes — § 1 — mit Pfandbriefen beliehen werden.

Abs. 2. Den aufgenommenen Kredit darf der Besitzer nur verwenden, um nach dem Pfandbriefsdarlehen eingetragene Hypotheken und Grundschulden ausschließlich zum Zwecke der Entschuldung des Gutes abzustoßen. Er ist verpflichtet, der Generaldirektion diesen Verwendungszweck nachzuweisen.

Abs. 3. Verwendet der Besitzer unter Umgehung der ihm auferlegten Verpflichtungen das innerhalb des fünften Sechstels des Taxwertes aufgenommene Pfandbriefsdarlehen zu anderen Zwecken als zu der nach Abs. 2 zugelassenen Entschuldung, oder entzieht er sich seiner Verpflichtung zum Nachweis des zugelassenen Verwendungszwecks, oder erfüllt er die Bedingungen nicht, unter denen die General-Landschaftsdirektion dieses Pfandbriefsdarlehen bewilligt hat, so kann es ganz oder teilweise mit dreimonatlicher Frist von der Generaldirektion gekündigt werden. Die Direktion ist berechtigt, auch das übrige Pfandbriefsdarlehen ganz oder teilweise mit der gleichen Frist zurückzufordern.

Abs. 4. Soweit die Bestimmungen der Absätze 1 bis 3 nicht entgegenstehen, finden auch auf dieses Darlehen die Vorschriften für die innerhalb $^2/_3$ des Taxwerts liegenden Pfandbriefsdarlehen sinngemäße Anwendung.

1. Auf den $^5/_6$-Kredit steht dem Gutseigentümer, auch wenn er die Verschuldungsgrenze ins Grundbuch eintragen läßt, ein Recht nicht zu. Seine Bewilligung liegt in dem pflichtmäßigen Ermessen der Direktion und ist abgesehen von den gesetzlichen Voraussetzungen: Eintragung der Verschuldungsgrenze, Verwendung zur Schuldentilgung und Übernahme der besonderen Schuldentilgungspflicht (§ 7) von der Erfüllung der sonst von der Direktion etwa festzusetzenden Bedingungen abhängig. Für diese Bedingungen ist im allgemeinen der Gesichtspunkt maßgebend, daß nach den individuellen Verhältnissen des Gutes und des Besitzers, nach dem reellen Verkaufswert und der Ertragsfähigkeit des Gutes der Mehrkredit unzweifelhaft sicher und das einzuleitende Entschuldungsverfahren erfolgversprechend ist. Hierüber muß der Besitzer sich einwandsfrei ausweisen, indem er unter Vorlegung der Grundbuchblattsabschrift darlegt, wie hoch die Gutsbelastung ist, welche Posten er abstoßen will, und welche Gesamtbelastung auf dem Gute nach Eintragung der Verschuldungsgrenze verleibt. Außerdem ist über die Sicherheit des Mehrkredits ein Gutachten des Landschaftsrats notwendig, das in der Regel die Vornahme einer eingehenden Gutsbesichtigung voraussetzt, deren Kosten dem Antragsteller zur Last fallen, auch werden unter

Umständen weitere Gutachten von dem Departements-Landschaftsdirektor oder weiteren Sachverständigen eingeholt werden, bevor die Direktion eine Entscheidung trifft. Der bewilligte Kredit muß unmittelbar hinter ein innerhalb $^2/_3$ des Taxwerts eingetragenes Pfandbriefsdarlehen unter Ausschluß von Zwischenposten im Grundbuche eingetragen werden, damit die Erststelligkeit der gesamten Landschaftshypothek gewahrt bleibt. Dies ist selbst dann notwendig, wenn der $^5/_6$-Kredit nur teilweise in Anspruch genommen werden sollte. Die Grundbuchseintragung erfolgt auf Grund einer vom Gutseigentümer ausgestellten, zur Eintragung formell geeigneten Urkunde, in der dieser die gesetzlichen und die etwaigen sonstigen Verpflichtungen persönlich übernimmt. Für die Eintragung dieses Mehrkredits ins Grundbuch gelten die gleichen Bestimmungen wie für die bisher bewilligungsfähigen Pfandbriefsdarlehen, also ist insbesondere zur Bezeichnung der Nebenleistungen die Bezugnahme auf die Satzung zulässig (§ 1115 Abs. 2 BGB., vgl. auch Art. 21 Pr. AGGBO.). Auch im übrigen sind die für die letzteren Darlehen gegebenen Vorschriften für den $^5/_6$-Kredit anwendbar. So kann z. B. zum teilweisen oder völligen Ausgleich des Kurs- und des Nennwertes der Pfandbriefe ein bares Darlehen bewilligt werden, zu dessen Verzinsung und Tilgung eine erhöhte Jahresleistung dient, und die Tilgungsrate nach der Bestimmung der Direktion verwendet wird. Dies kann geschehen, auch wenn ein Spannungskredit nach § 5 bewilligt ist, weil für diesen nur Jahresleistungen des $^2/_3$-Kredits in Anspruch genommen werden. Auch ist aus den ersten Tilgungsraten zunächst der sogenannte Quittungsgroschen als Verwaltungskosten zu decken (§ 9 LO.). Bei Umschreibung bereits eingetragener Forderungen in das Pfandbriefsdarlehen ist zu beachten, daß die zu übernehmenden Jahresleistungen 5 % übersteigen, wodurch eine Vorrangseinräumung etwa nachstehender Posten notwendig ist. Es wird sich daher für den Eigentümer empfehlen, vor der Eintragung der

Verschuldungsgrenze mit den Gläubigern, deren Posten stehen bleiben sollen, zu verhandeln und sich zu vergewissern, daß sie das etwa erforderliche Vorrecht einräumen, oder wenn eine Vorrechtseinräumung nicht in Frage kommt, daß sie aus der Eintragung der Verschuldungsgrenze keine Veranlassung nehmen werden, von dem ihnen etwa zustehenden Kündigungsrecht Gebrauch zu machen. Für die Aufklärung der Gläubiger wird es geboten sein, darauf hinzuweisen, daß die Verhinderung der Weiterverschuldung durch die Verschuldungsgrenze die Wirtschaftlichkeit des Betriebes erhöht und den Ertrag der Wirtschaft sichert, daß ferner ihre Sicherheit durch die verstärkte Tilgungspflicht erheblich gewinnt, eine Zwangsversteigerung auch nach Eintragung der Verschuldungsgrenze zulässig ist, aber ihre Forderung dabei durch die nacheingetragene Verschuldungsgrenze unberührt bleibt und einem Gebot mit Übernahme der Verschuldungsgrenze ohne ihre Zustimmung nur dann der Zuschlag erteilt werden darf, wenn ihre Forderung durch das Gebot gedeckt wird.

2. Der $^5/_8$-Kredit dient lediglich zur Entschuldung, d. h. zur Tilgung eingetragener Realschulden. Der Gutseigentümer muß diese Verwendungsverpflichtung übernehmen und nachweisen, daß er ihr nachgekommen ist. Dies wird in der Regel bereits vor der Ausgabe des Pfandbriefsdarlehens in der Weise geschehen, daß durch Vorschußzahlung der Landschaftsbank die Gläubiger befriedigt werden und deren Forderungen im Grundbuche gelöscht oder auf die Landschaft umgeschrieben werden. Wenn dies ausnahmsweise nicht vor der Ausgabe des Pfandbriefsdarlehns geschehen ist, so muß dies jedenfalls später geschehen und nachgewiesen werden. Anderenfalls hat die Direktion das Recht, nicht nur den $^5/_8$-Kredit sondern auch das übrige Pfandbriefsdarlehen ganz oder teilweise mit dreimonatlicher Frist zurückzufordern. Das Gleiche gilt, wenn der Eigentümer den Mehrkredit zu anderen Zwecken als zur Entschuldung verwendet oder

sonstige Bewilligungsbedingungen nicht erfüllt. Von der Rückforderung des $^5/_6$-Kredits wird die Direktion in keinem Falle absehen dürfen, da er nur als Zweckkredit zulässig ist. Es kann sich bei diesem nur darum handeln, zur Rückzahlung eine kürzere oder längere Frist zu bewilligen. Das Gleiche gilt für den Betrag des $^2/_3$-Kredits, der durch die aus Anlaß der Eintragung der Verschuldungsgrenze bewirkte Taxerhöhung begründet ist. Die Rückforderung des übrigen Pfandbriefsdarlehens ist eine Strafmaßregel, von der die Direktion in dem ihr geeignet erscheinenden Umfange Gebrauch machen kann.

3. Der $^5/_6$-Kredit wird in Ostpreußischen Pfandbriefen ausgegeben, ebenso wie ein innerhalb $^2/_3$ bewilligtes Darlehn. Da für diese nur ein einheitlicher Typ besteht, wird ein Unterschied, je nachdem das Unterlagsdarlehen innerhalb $^2/_3$ des Taxwerts sich befindet oder darüber hinausgeht, nicht gemacht (vgl. § 1 der OE. und Anmerkungen dazu).

§ 5.

Abs. 1. Die Landschaft ist befugt, den Eigentümern solcher Güter — § 2 —, sofern sie bepfandbrieft sind, zu Meliorationen, die eine dauernde Wertserhöhung des Gutes gewährleisten, insbesondere zu Entwässerungs-, Dränierungs- und Bewässerungsanlagen, zur Urbarmachung von Ödländereien, zu Aufforstungen und Waldkulturen, zu Obstbaumpflanzungen, zur Erbauung von Arbeiterwohnungen und zweckmäßigen, den Anforderungen der Neuzeit genügenden Wirtschaftsgebäuden, zu Anlagen für eine rationelle Pflege des Stalldüngers, zum Bau von ordnungsmäßig befestigten Kunststraßen, durch die das Gut in ununterbrochener Wegebefestigung an das bestehende Chaussee- und Eisenbahnnetz angeschlossen und in seinen Absatz- und Verkehrsverhältnissen wesentlich verbessert wird, sowie zu ähnlichen Anlagen, die eine dauernde Verbesserung des Gutes sicherstellen, tilgungspflichtige Darlehen zu gewähren. — Meliorationskredit. —

Abs. 2. Der Meliorationskredit richtet sich nach der Höhe und dem Zinsfuße des auf dem Gute haftenden Pfandbriefsdarlehens, soweit es innerhalb $^{2}/_{3}$ des Taxwerts liegt. Die General-Landschaftsdirektion bestimmt, bis zu welchem Betrage dieses Pfandbriefsdarlehen und unter welchen Bedingungen ein derartiges Darlehen zu bewilligen ist; doch darf es

bei einem 4%-Pfandbriefsdarlehen nicht mehr als 8%,

bei einem 3½% nicht mehr als 16% und

bei einem 3% nicht mehr als 25%

der innerhalb $^{2}/_{3}$ des Taxwerts liegenden Pfandbriefsschuld ausmachen, auch dürfen die zu seiner Verzinsung und Tilgung sowie zur Ansammlung des Reservefonds und zur Deckung der Verwaltungskosten erforderlichen Jahresleistungen einschließlich der Zinsen und Nebenleistungen des Pfandbriefsdarlehens eine 5%-Quote des letzteren nicht übersteigen.

Abs. 3. Der Darlehensschuldner hat in einer nach § 127 der Landschafts-Ordnung aufzunehmenden Schuldurkunde die von der General-Landschaftsdirektion festgesetzten Verpflichtungen an Zinsen, Tilgungsraten, Beiträgen zum Reservefonds, Verwaltungskosten und Rückzahlungsbedingungen, insbesondere auch die Verpflichtung zur Tilgung des Meliorationsdarlehens in längstens 30 Jahren zu übernehmen und die übernommenen Leistungen durch Eintragung einer Erhöhung der für das Pfandbriefsdarlehen zu zahlenden Jahresleistungen bis zu 5% desselben im Grundbuche sicherzustellen. Auch muß er für das Kapital mindestens in dessen Höhe zur bereiten Stelle vor Eintragung der Verschuldungsgrenze im Grundbuch eine Sicherungshypothek für die Ostpreußische Landschaft eintragen lassen.

Abs. 4. Den bewilligten Meliorationskredit darf der Besitzer nur verwenden, um die von der Generaldirektion genehmigte Meliorationsanlage auszuführen. Er ist verpflichtet, der Generaldirektion diesen Verwendungszweck nachzuweisen, sich auch bei der Ausführung und Unterhaltung der Anlagen und wegen Erfüllung der ihm bei Bewilligung des Darlehens gestellten Bedingungen — Abs. 2 — der Kontrolle der General-Landschaftsdirektion zu unterwerfen. Die Auszahlung des Darlehens erfolgt in Raten, deren Höhe die Direktion bestimmt. Die zu zahlenden Raten dürfen niemals mehr betragen als nachweislich verwendet ist.

Abs. 5. Die übernommenen Jahreszahlungen sind zugleich mit den Zinsen des Pfandbriefsdarlehens zu Johanni und Weihnachten zu zahlen. Zur Bestreitung rückständiger Zahlungen stehen der Landschaft dieselben Privilegien zur Seite, wie sie ihr für die Beitreibung von Rückständen an Zinsen, Tilgungsbeiträgen und Nebenleistungen der Pfandbriefsdarlehen eingeräumt sind.

Abs. 6. Verwendet der Besitzer unter Umgehung der ihm auferlegten Verpflichtungen den bewilligten Meliorationskredit zu anderen als zu den zugelassenen Zwecken, oder entzieht er sich seiner Verpflichtung zum Nachweis des zugelassenen Verwendungszweckes, oder erfüllt er die Bedingungen nicht, unter denen die General-Landschaftsdirektion den Meliorationskredit bewilligt hat, so kann dieser Kredit ganz oder teilweise mit dreimonatlicher Frist von der General-Landschaftsdirektion gekündigt werden. Auch ist die Direktion berechtigt, in diesen Fällen das Pfandbriefsdarlehen ganz oder teilweise mit der gleichen Frist zurückzufordern.

Abs. 7. Die Rückzahlung des Pfandbriefsdarlehens ist nur unter der Bedingung zulässig, daß neben dem abzuzahlenden Pfandbriefsdarlehensbetrage auch der Meliorationskredit nebst Zinsen und Nebenleistungen bis zum Zahlungstage erstattet wird. Der Besitzer kann vor der Rückzahlung dieses Darlehens Löschungsbewilligung oder Abtretung des Pfandbriefsdarlehens nicht fordern.

Abs. 8. Zur Beschaffung der Mittel für die Gewährung von Meliorationskrediten ist die Ostpreußische Landschaft ermächtigt, bis zur Höhe der Darlehen verzinsliche, seitens der Gläubiger unkündbare Inhaberschuldverschreibungen — Ostpreußische Landschaftliche Schuldverschreibungen —

auszugeben, welche sowohl hinsichtlich des Kapitals als auch der Verzinsung von der Landschaft gewährleistet werden.

Abs. 9. Die auszugebenden Schuldverschreibungen werden zu demselben Zinssatze und in denselben Stücken wie die Ostpreußischen Pfandbriefe ausgefertigt und müssen in Höhe ihres Nennwertes stets durch Meliorationsdarlehensforderungen von mindestens gleicher Höhe und gleichem Zinssatze gedeckt sein. Die Tilgungsdauer eines jeden Meliorationsdarlehens darf 30 Jahre nicht übersteigen. Insoweit sich der Gesamtbetrag dieses Darlehens durch Tilgung vermindert, ist der entsprechende Betrag von Schuldverschreibungen aus dem Umlauf zu ziehen. Zur Ausreichung neuer Darlehensbeträge können bis zu deren Höhe aus dem Umlauf gezogene Schuldverschreibungen wieder in Umlauf gesetzt werden.

Abs. 10. Die pünktliche Zahlung von Kapital und Zinsen dieser Schuldverschreibungen wird gesichert:

a) durch die Sicherstellung der für das Meliorationsdarlehen vereinbarten Jahresleistungen an Zinsen und Beiträgen zum Tilgungs- und Reservefonds mittels Erhöhung der für das Pfandbriefsdarlehen zu zahlenden Jahresleistungen;

b) durch das der Landschaft eingeräumte Recht, rückständige Jahresleistungen solcher Darlehen unter Anwendung derselben Privilegien beizutreiben, wie sie der Landschaft für die Beitreibung von Rückständen an Zinsen, Tilgungsbeiträgen und Nebenleistungen verliehen sind;

c) durch die Verpflichtung, das Meliorationsdarlehen binnen längstens 30 Jahren zu tilgen;

d) durch die für diese Darlehen angesammelten Tilgungsbestände, welche den Inhabern dieser Schuldverschreibungen zu deren ausschließlicher Sicherheit dienen sollen;

e) durch eine für die Kapitalbeträge in mindestens gleicher Höhe in den Grundbüchern der Schuldner zur bereiten Stelle einzutragende Sicherungshypothek;

f) durch den gemäß Abs. 3 zu bildenden Reservefonds.

Abs. 11. Die Grundsätze, nach denen im übrigen bei der Gewährung, Tilgung und Löschung von Darlehen solcher Art, bei der Verwahrung der Darlehensurkunden, bei der Ausstellung und Rückzahlung der Schuldverschreibungen zu verfahren ist, sind in gleicher Weise wie die sonst erforderlichen Ausführungsvorschriften von der General-Landschaftsdirektion zu erlassen.

1. Der Meliorationskredit kann nur bepfandbriesten Gütern bewilligt werden. Er ist in erster Linie als Betriebskredit gedacht. Er soll dem Besitzer für ein zwingendes Kreditbedürfnis zu dauernden Wirtschaftszwecken zur Verfügung stehen, wenn er nach Eintragung der Verschuldungsgrenze nicht mehr in der Lage ist, dieses Bedürfnis wie bisher im Wege der privaten Hypothekenaufnahme zu be-

friedigen. Aus den angegebenen Zwecken, zu denen das Darlehen gewährt werden darf, und aus der allgemeinen Bestimmung, daß es sich um „Anlagen handeln muß, die eine dauernde Verbesserung des Gutes sicherstellen", erhellt, daß dieser Meliorationskredit nur bewilligt werden darf, wenn durch dessen Verwendung eine Steigerung des Wertes und der Ertragsfähigkeit des Gutes bezweckt wird und mit Sicherheit zu erwarten ist. Hierüber sind eingehende Projekte und Anschläge vom Gutseigentümer einzureichen, deren Prüfung an Ort und Stelle durch den Landschaftsrat und sonstigen Sachverständigen erfolgt, und die erst ev. nach weiterer Begutachtung durch den Departements-Landschaftsdirektor oder besondere Vertrauenspersonen von der Direktion festgesetzt werden. In zweiter Reihe kann dieser Kredit auch zum Zwecke der Entschuldung zur Abstoßung nacheingetragener Hypotheken und Grundschulden bewilligt werden, wobei es nicht darauf ankommt, daß die abzustoßenden Realschulden an einer besonders sicheren Stelle im Grundbuche stehen, wenn nur der Zweck der Entschuldung des Gutes dauernd gefördert wird. Auch kann er zur Ablösung eines dem Pfandbriefsdarlehen voreingetragenen Domänenzinses bewilligt werden (§ 6 OE.). Die Ablösung der Domänenzinsen ist vom Gesichtspunkt der Entschuldung besonders erstrebenswert, weil er einer Belastung mit einer 5prozentigen Kapitalschuld gleichkommt. Der zulässige Kredit kann auch teils zur Melioration, teils zur Entschuldung verwandt werden. Der Meliorations- bzw. Entschuldungskredit ist von der individuellen Würdigung des Gutes und des Eigentümers abhängig und steht im pflichtmäßigen Ermessen der Direktion, dem ein Anspruch des Gutseigentümers ebensowenig wie bei dem $^{5}/_{6}$-Kredit gegenübersteht. Für die Verpflichtung des Gutseigentümers zur Verwendung des Kredits zu der genehmigten Meliorationsanlage oder Abstoßung von Realschulden und Führung des Verwendungsnachweises, zur Erfüllung der sonstigen Bewilligungsbedingungen, insbesondere bezüglich der Kontrolle bei Ausführung und Unterhaltung der Anlagen sowie für die Folgen der Unterlassung dieser Verpflichtungen gelten die gleichen Vorschriften wie bei dem ⁵/₆-Kredit.

2. Die Maximalhöhe dieses Kredits richtet sich einmal nach dem nachzuweisenden Bedürfnis und dann nach der Höhe des Pfandbriefsdarlehens innerhalb ²/₃ des Taxwerts und seines Zinsfußes. Je nachdem dieses zu 4, 3 ½ oder 3 % verzinslich ist, beträgt er 8, 16 oder 25 % des Pfandbriefskapitals. Er kann also bei einem ²/₃-Pfandbriefsdarlehen von 100 000 Mk. je nach dem Zinsfuß 8 000 Mk., 16 000 Mk. oder 25 000 Mk. erreichen.

Der Grund für diese Bemessung liegt in der Art der Sicherstellung der für diesen Kredit zu zahlenden Zins- und Tilgungsraten, die ihm auch den Namen „Spannungskredit" verschafft hat. Die Sicherstellung erfolgt in der Weise, daß die für das Pfandbriefsdarlehen zu zahlende Jahresleistung auf 5 % erhöht und die Mehrzahlung (Spannung) zur Verzinsung und Tilgung des Meliorations- bzw. Entschuldungskredits verwendet wird. Diese Mehrzahlung beträgt bei einem Pfandbriefsdarlehen zu ½ % Tilgung und 3 % Zinsen 1 ½ %, zu 3 ½ % Zinsen 1 % und zu 4 % Zinsen ½ %. Mit ihr wird eine 6 prozentige Jahresleistung für die obigen Höchstbeträge des Meliorations-Entschuldungskredits bestritten, also z. B. bei einem 4 prozentigen Pfandbriefsdarlehen von 100 000 Mk. mit 500 Mk. eine 6 prozentige Jahresleistung für einen Meliorationskredit von 8 000 Mk. Diese 6 prozentige Jahresleistung dient zur Zahlung der Zinsen (3 ½ oder 4 %), zur Bestreitung der Verwaltungskosten und Ansammlung eines Reservefonds mit ½ %, und zwar je zur Hälfte und zur Zahlung der Tilgungsraten. Bei dem jetzigen Zinsfuße von 4 % verbleibt danach für die Tilgung nur 1 ½ %. Es muß aber der ganze Meliorations- bzw. Entschuldungskredit in spätestens 30 Jahren vollständig getilgt sein. Da dies mit einer Tilgung von

1 $^1/_2$ % nicht erreicht wird, muß sich der Gutseigentümer verpflichten, mit der letzten Tilgungsrate den noch verbleibenden Darlehensrest zurückzuzahlen. Zinsen und Tilgungsraten, sowie Verwaltungskosten sind zugleich mit den Zinsen für das Pfandbriefsdarlehen zu zahlen und werden von der Landschaft mit den gleichen Privilegien wie für diese zwangsweise beigetrieben.

3. Für die Sicherheit von Kapital, Zinsen, Verwaltungskosten und Tilgungsraten sind von der General-Landschaftsdirektion eingehende Bestimmungen erlassen, denen sich der Gutseigentümer in einer zur Eintragung ins Grundbuch geeigneten Urkunde unterwerfen muß. Die Zinserhöhung bis zu 5 % muß der Gutseigentümer für das Pfandbriefsdarlehen übernehmen; er muß sich ferner verpflichten, bei Rückzahlung des Pfandbriefsdarlehens auch den Meliorations- bzw. Entschuldungskredit zurückzuzahlen, da anderenfalls die dingliche Sicherstellung der Jahresleistungen für den letzteren mit dem Erlöschen des Pfandbriefsdarlehens wegfallen würde. Des weiteren muß das Recht des Gutseigentümers auf Rückzahlung des Pfandbriefsdarlehens auf die überhaupt zulässige Dauer von 20 Jahren ausgeschlossen (Art. 32 § 1 Pr. AGBGB.) und bestimmt werden, daß für den Fall der Rückzahlung des Pfandbriefsdarlehens die für dieses bestellte Hypothek sich in eine Hypothek für das noch nicht getilgte Meliorations- bzw. Entschuldungsdarlehen umwandelt (§ 1180 BGB.). Das letztere hat insbesondere Bedeutung, wenn nach Ablauf der Unkündbarkeit eine Rückzahlung des Pfandbriefsdarlehens erfolgt. Diese Verpflichtungen werden im Grundbuche beim Pfandbriefsdarlehen eingetragen, und zwar der Eintritt des Meliorationsdarlehens in die Hypothek des Pfandbriefsdarlehens als Vormerkung (§ 883 BGB.). Schließlich wird noch das landschaftliche Tilgungsguthaben für die Rückzahlung des Meliorations- bzw. Entschuldungsdarlehens verpfändet und auch diese Verpfändung in das Grundbuch eingetragen (§ 178 c LO.). Auf diese

Weise ist sowohl die Verzinsung und Tilgung, sowie auch das Kapital des Meliorations- bzw. Entschuldungskredits ebenso zur ersten Stelle im Grundbuche sichergestellt, wie das Pfandbriefsdarlehen selbst. Eine formelle Sicherung erhält das Meliorationsdarlehen außerdem noch dadurch, daß für das Kapital mindestens in dessen Höhe zur bereiten Stelle vor Eintragung der Verschuldungsgrenze im Grundbuche eine Sicherungshypothek für die Ostpreußische Landschaft eingetragen wird. Es wird zweckmäßigerweise ein um etwa 20 % höherer Betrag eingetragen werden, weil mit jeder Erhöhung des Taxwerts bei neuer Taxe und jeder dadurch bewirkten Vergrößerung des Pfandbriefsdarlehens bis zu ²/₃ des Taxwerts auch der zulässige Meliorationskredit erhöht werden kann. Für das Entschuldungsdarlehen muß bezüglich der abgestoßenen Hypotheken oder Grundschulden die Abtretungsurkunde an die Landschaft beschafft und, falls ein Hypotheken- oder Grundschuldbrief gebildet ist, auch dieser der Landschaft eingereicht werden. Ebenso wird verfahren bei Ablösung eines Domänenzinses. Aus dieser Regelung der Verzinsung und Rückzahlung des Spannungskredits folgt, daß neben ihm ein Kursausgleichungszuschuß für das ²/₃-Pfandbriefsdarlehen von der Landschaft nicht gewährt werden kann, und wenn ein solcher vorher gewährt war, vor Aufnahme des Spannungskredits zurückgezahlt werden muß. Denn beide Kredite sind für ihre Verzinsung und Rückzahlung nur auf höhere Jahresleistungen des ²/₃-Pfandbriefsdarlehens angewiesen und diese würden zu hoch werden, wollte man sie so erhöhen, daß sie für beide Kredite ausreichen.

4. Zur Beschaffung der erforderlichen Mittel für die Gewährung des Meliorations- bzw. Entschuldungskredits gibt die Ostpreußische Landschaft bis zur Höhe der Darlehen verzinsliche, seitens der Inhaber unkündbare Inhaberschuldverschreibungen — ostpreußische landschaftliche Schuldverschreibungen — aus. Die Gesamtsumme der bis 1. Juli 1910 auszugebenden Schuldverschreibungen ist zusammen

mit den zur Gewährung von $^{5}/_{6}$-Kredit auszugebenden Pfandbriefen auf 10 Mill. Mk. bemessen (§ 9 Abs. 1 OE.). Unter Berücksichtigung dieser Bestimmung hat die Landschaft auf Grund der Kabinettsorder vom 23. März 1908, wonach Finanzminister, Justizminister und Minister für Landwirtschaft, Domänen und Forsten ermächtigt sind, der Landschaft die Genehmigung zur Ausgabe von Schuldverschreibungen bis zu dem von ihnen zu bestimmenden Höchstbetrage zu erteilen, von diesen Ministern nach dem Erlaß vom 4. Juni 1908 die Ermächtigung erhalten, 5 Mill. Mk Schuldverschreibungen nach dem S. 116ff. stehenden Muster auszufertigen (RAnz. 16. 6. 08 Nr. 140).

Diese Genehmigung ist vorbehaltlich der Rechte Dritter erteilt. Auch ist in dem Ministerialerlaß hervorgehoben, daß für die Befriedigung der Inhaber der Schuldverschreibungen eine Gewährleistung seitens des Staates nicht übernommen wird. Damit wird zum Ausdruck gebracht, daß im Gegensatz zu den Ostpreußischen Pfandbriefen für die Schuldverschreibungen die Generalgarantie der zur Ostpreußischen Landschaft verbundenen Güter einschließlich der staatlichen Domänen und Forsten nicht haftet. Es stehen also die Schuldverschreibungen den Ostpreußischen Pfandbriefen, welche in der die staatlichen Domänen und Forsten umfassenden Generalgarantie ein Übermaß von Sicherung haben, nicht gleich. Immerhin kommen sie nach Art und Größe der Sicherstellung den Pfandbriefen sehr nahe und werden, abgesehen von diesen und den Staatspapieren, von keinem anderen mündelsicheren Papier an formeller und materieller Sicherheit übertroffen. Für die Sicherheit der Schuldverschreibungen kommen insbesondere folgende Bestimmungen in Betracht, welche in der von der Ostpreußischen General-Landschaftsdirektion bei deren Ausgabe veranlaßten Bekanntmachung (Reichs-Anzeiger Nr. 198 vom 22. August 1908) hervorgehoben worden sind:

Die Ausgabe von Schuldverschreibungen erfolgt nur auf Grund von Darlehensforderungen der Landschaft

5000 | 5000

Ostpreußische Schuldver- | Adler | Landschaftliche schreibung.

Buchstabe A | garantiert von der Ostpreußischen Landschaft | Nr. ....

über

Fünftausend Mark

Die Ostpreußische Landschaft in Königsberg schuldet dem Inhaber dieser Schuldverschreibung die Summe von Fünftausend Mark, verzinslich zu vier vom Hundert jährlich, unkündbar seitens des Inhabers, einlöslich zum Nennwerte von seiten der Ostpreußischen Landschaft nach vorangegangener Aufkündigung.

Ausgefertigt und gewährleistet von der Ostpreußischen Landschaft auf Grund der Ostpreußischen Landschaftsordnung vom 7. Dezember 1891 (Ausgabe 1905) und des Allerhöchst bestätigten I. Nachtrages dazu vom 23. März 1908; gesichert durch hypothekarisch eingetragene Darlehnsforderungen der Ostpreußischen Landschaft, durch den besonders gebildeten Reservefonds, die für die Darlehnsforderungen angesammelten Tilgungsbestände sowie durch das sonstige Vermögen der Ostpreußischen Landschaft.

Königsberg, den ....

Ostpreußische General-Landschafts-Direktion.

(L. S.) *Faksimile.*

Nach Einsicht der betreffenden Urkunden beglaubigt von dem Syndikus der Ostpreußischen General-Landschafts-Direktion.

Königsberg, den ....

(L. S.)

(Unterschrift) geschrieben.

....

Eingetragen im Register

Bl. .... Nr. ....

Der Kontrollbeamte:

....

5000 | *Ostpreußische Landschaftl. Schuldverschreibung* | 5000

Zinsschein Nr. ....

zur

......proz. Ostpreußischen Landschaftlichen Schuldverschreibung

Buchstabe .... Nr. .... über .... Mk.

Der Inhaber dieses Zinsscheins empfängt gegen dessen Rückgabe vom .... ab die halbjährigen Zinsen mit

.... Mk. .... Pf.

(in Worten: ....)

von der Gewerbe-Landschafts-Kasse zu Königsberg und den umseitig bezeichneten oder öffentlich bekanntgemachten Stellen.

Ostpreußische General-Landschafts-Direktion.

Adler

(Zinsschein-Stempel.)

Eingetragen im Zinsschein-Register.
Der Kontrollbeamte (Unterschrift in Druck).

Dieser Zinsschein ist nach dem 31. Dezember .... ungültig.

Seitenabschnitte: ...... Prozent; .... Mk. .... Pf.; ...... Prozent

Ungültig, wenn eine Ecke abgeschnitten ist.

Ungültig, wenn eine Ecke abgeschnitten ist.

[Rückseite.] Zahlbar bei der Reichsbank in Berlin und bei allen Reichsbankstellen mit Kasseneinrichtung mit Ausnahme der Reichsbankhauptstelle zu Königsberg.

......
Prozent

Zinsschein-Anweisung

zur

......proz. Ostpreußischen Landschaftlichen Schuldverschreibung

Buchstabe............ Nr.............. über ....Mk.

Der Inhaber dieser Zinsschein-Anweisung erhält bei der Ostpreußischen General-Landschafts-Kasse zu Königsberg und an den öffentlich bekanntgemachten Orten zu der genannten Schuldverschreibung die neue Zinsschein-Reihe für fernere zehn Jahre kostenfrei ausgehändigt, wenn nicht der Inhaber der Schuldverschreibung dagegen Einspruch erhebt.

Wird diese Zinsschein-Anweisung bis zum 1. Juli .... nicht vorgezeigt, so kann der Inhaber der Schuldverschreibung ohne weiteres die neuen Zinsscheine erhalten.

Ostpreußische General-Landschafts-Direktion.

Adler

(Zinsschein-Stempel.)

Eingetragen im Zinsschein-Register Bl....... Nr.......

Der Kontrollbeamte..............................

(Unterschrift geschrieben).

..........Mk.

......
Prozent

von mindestens gleicher Höhe und gleichem Zinssatz, deren Verzinsung und Tilgung durch Eintragung einer Erhöhung der Jahresleistung für das Pfandbriefsdarlehen zur ersten Stelle im Grundbuche und deren Kapital außerdem durch Eintragung einer Hypothek im Grundbuche gesichert ist. Die Darlehen dürfen nur zur Ausführung von Meliorationen auf dem Gute gewährt werden, wenn von der Melioration nach erfolgter Prüfung mit Sicherheit erhöhte Gutserträge zu erwarten sind. Dadurch wird zugleich der Wert und die Pfandsicherheit des Beleihungsobjektes wesentlich erhöht. Anstatt zur Melioration können die Darlehen nur noch zum Zwecke der Befestigung und Gesundung der landwirtschaftlichen Kreditverhältnisse in gleicher Höhe zur Abstoßung nacheingetragener Hypotheken und Grundschulden, sowie zur Ablösung von Domänenzinsen gegen Abtretung der abgelösten Rechte gewährt werden. Nur Pfandbriefsschuldner können solche Darlehen erhalten. Sie haben aber auf deren Gewährung keinen Anspruch und müssen im Falle der Gewährung zuvor die Verschuldungsgrenze im Grundbuche eintragen lassen. Die Darlehensschuldner sind verpflichtet, die den Schuldverschreibungen zugrunde liegenden Darlehen in längstens 30 Jahren durch regelmäßige ununterbrochene Tilgung zurückzuzahlen. Insoweit sich durch Tilgung der Gesamtbetrag des Darlehens vermindert, ist der betreffende Betrag von Schuldverschreibungen durch Ankauf aus dem Umlauf zu ziehen. Die Summe der auszugebenden Schuldverschreibungen ist auf 5 Mill. Mk. beschränkt. Der aus den Beiträgen der Darlehensschuldner anzusammelnde Reservefonds wird, solange er noch nicht die Höhe von 1 Mill. Mk. erreicht, bis zu diesem Betrage aus dem Fonds der Landwirtschaft ergänzt (§ 9 Abs. 2 OE.).

Nach diesen Bestimmungen gründet sich die Sicherheit der Schuldverschreibungen:

a) auf die an erster Stelle beim Pfandbriefsdarlehen eingetragene Forderung der Landschaft auf Zahlung der vereinbarten Jahresleistungen an Zinsen, und Beiträgen zum Tilgungs- und Reservefonds und deren Recht, rückständige Jahresleistungen unter Anwendung der gleichen Privilegien beizutreiben, wie sie ihr für die Beitreibung von Rückständen an Zinsen, Tilgungsbeiträgen und Nebenleistungen der Pfandbriefdarlehen verliehen sind;

b) auf die für die Kapitalbeträge in mindestens gleicher Höhe in die Grundbücher der Schuldner zur bereiten Stelle eingetragenen Sicherungshypotheken oder auf die zur Abstoßung gebrachten Hypotheken, Grundschulden oder Domänenzinsen;

c) auf einen besonderen Reservefonds, welcher durch jährliche Beiträge gebildet und, soweit er 1 Mill. Mk. noch nicht erreicht hat, bis zu dieser Höhe aus dem eigentümlichen Fonds der Landschaft ergänzt wird;

d) auf die Verpflichtung des Gutseigentümers, bei Rückzahlung des Pfandbriefsdarlehens auch den Meliorations- bzw. Entschuldungskredit zurückzuzahlen und die dinglich zu sichernde weitere Bestimmung, daß das Recht des Gutseigentümers auf Rückzahlung des Pfandbriefsdarlehens auf die Dauer von 20 Jahren ausgeschlossen und soweit sich die für das Pfandbriefsdarlehen bestellte Hypothek durch Erlöschen der Forderung mit dem Eigentum in einer Person vereinigt, sie in eine Hypothek wegen des Meliorations- bzw. Entschuldungskredits umzuwandeln ist;

e) auf die Gewährleistung der Ostpreußischen Landschaft und deren Sicherheitsfonds.

Nach dieser Fundierung sind die Ostpreußischen Landschaftlichen Schuldverschreibungen als den Pfandbriefen „gleichartig" zu erachten und daher nach Art. 74 Nr. 3 Pr. AGBGB. zur Anlegung von Mündelgeld geeignet. Sie sind in Kl. I des Verzeichnisses der bei der Reichsbank beleihbaren Wertpapiere aufnahmefähig und danach wie die Pfandbriefe mit $^{3}/_{4}$ des Kurswertes beleihbar.

5. Für die Darlehen in Schuldverschreibungen und die letzteren selbst sind nachstehende Vorschriften von der General-Landschaftsdirektion erlassen:

a) Die Ostpreußischen Landschaftlichen Schuldverschreibungen werden zu demselben Zinssatze und in denselben Stücken wie die Ostpreußischen Pfandbriefe ausgegeben.

b) Für jedes der nach §§ 5, 6 der OE. bewilligte Darlehen darf ein gleicher Betrag von Schuldverschreibungen ausgegeben werden.

c) Der Darlehensbetrag wird nach Erfüllung der von der Direktion gestellten Bedingungen und in den von ihr festgesetzten Raten dem Darlehensnehmer in Schuldverschreibungen ausgereicht.

Die Bank der Ostpreußischen Landschaft übernimmt den Verkauf der Schuldverschreibungen gegen die übliche Provision.

Den sich aus dem Unterschied zwischen dem Kurs- und Nennwert ergebenden Kursverlust hat der Darlehensnehmer zu tragen.

d) Der Darlehensnehmer hat zu entrichten:

1. an jährlichen Zinsen zu Johanni und Weihnachten diejenige Summe, die zur Deckung der Zinsen der ausgegebenen Schuldverschreibungen erforderlich ist,
2. die Tilgungsbeiträge,
3. einen Beitrag zur Deckung der Verwaltungskosten und Ansammlung eines Reservefonds,
4. an Kosten für die Ausfertigung der Schuldverschreibungen $^{1}/_{3}$ % des Darlehns (sog. Promillegelder).

e) Die Tilgung des Darlehens muß in längstens 30 Jahren erfolgen. Der Tilgungsbeitrag beträgt jährlich $1^{1}/_{2}$ % bei einem zu 4 %, 2 % bei einem zu $3^{1}/_{2}$ % und $2^{1}/_{2}$ % bei einem zu 3 % zu verzinsenden Darlehen. Soweit damit das Darlehen in 30 Jahren nicht vollständig getilgt ist, muß der noch verbleibende Darlehensrest mit der letzten Tilgungsrate zurückgezahlt werden. Zu diesem Zweck kann der Besitzer das für das Pfandbriefsdarlehen angesammelte Tilgungsguthaben verwenden, wenn die Voraussetzungen für dessen Abhebung nach § 7 gegeben sind.

f) Die Tilgungsbeiträge werden zu einem gemeinschaftlichen, von dem sonstigen Vermögen der Landschaft getrennt zu haltenden Tilgungsfonds vereinnahmt und halbjährlich dem Schuldner gutgeschrieben.

g) Die Bestände des gemeinschaftlichen Tilgungsfonds werden halbjährlich in Schuldverschreibungen zinsbar belegt.

h) Der Beitrag zur Deckung der Verwaltungskosten und Ansammlung des Reservefonds beträgt $^1/_2$ % der ursprünglichen Darlehenshöhe und ist in dieser Höhe bis zur völligen Tilgung der Schuld zu entrichten.

Er dient beiden Zwecken je zur Hälfte. Die Bestände des Reservefonds sind mündelsicher anzulegen und getrennt von dem sonstigen Vermögen der Landschaft zu verwalten.

i) Im Falle unpünktlichen Eingangs der Jahreszahlungen sind Verzugszinsen in der gleichen Höhe zu zahlen, wie für rückständig gebliebene Pfandbriefszinsen,

k) Die Schuldverschreibungen werden in der für Zeichnung von Schriftstücken der Landschaft vorgeschriebenen Form unter Beidrückung des Stempels nach anliegendem Muster vollzogen und von dem Syndikus mit der unterschriftlich zu vollziehenden Bescheinigung versehen, daß die statutenmäßige Deckung vorhanden ist.

Nach der Vollziehung werden die ausgefertigten Schuldverschreibungen in die zu führenden Register eingetragen. Der Kontrollbeamte hat auf den Schuldverschreibungen zu bescheinigen, daß diese Eintragung erfolgt ist.

Auf der Urkunde über das Darlehen wird sodann von dem Syndikus bescheinigt, daß über den Betrag der darin verschriebenen Forderung Ostpreußische Landschaftliche Schuldverschreibungen ausgefertigt sind.

Die Darlehensurkunden werden zusammen mit den gerichtlichen Benachrichtigungen über die erfolgten Eintragungen ins Grundbuch im Archiv der Landschaft aufbewahrt.

l) Den Schuldverschreibungen werden auf einen zehnjährigen Zeitraum Zinsscheine zur Erhebung der halbjährlich am 1. Juli und 1. Januar zahlbaren Zinsen und jeder Zinsscheinreihe eine Zinsscheinanweisung beigegeben. Eine neue Zinsscheinreihe darf dem Inhaber der Zinsscheinanweisung nicht ausgegeben werden, wenn der Inhaber der Schuldverschreibung der Ausgabe widersprochen hat. Die Zinsscheine sind in diesem Falle dem Inhaber der Schuldverschreibung auszuhändigen, wenn er die Schuldverschreibung vorlegt.

m) Die Inhaber von Schuldverschreibungen sind berechtigt, von der Landschaft zu verlangen:
 1. die Zahlung der verschriebenen Zinsen an den Fälligkeitsterminen gegen Beibringung der Zinsscheine und zu diesem Zwecke die Ausreichung und Einlösung derselben,
 2. die Zahlung des Kapitals, wenn die Schuldverschreibung zur baren Einlösung öffentlich aufgerufen ist.

n) Die Einlösung der Schuldverschreibungen oder deren Anschaffung behufs Belegung der angesammelten Tilgungsbestände erfolgt durch Ankauf zum Tageskurse der durch Bareinlösung zum Nennbetrage nach vorangegangener Kündigung.

Die Kündigung erfolgt auf Grund einer in Gegenwart des Syndikus stattfindenden Auslosung, über welche ein Protokoll aufzunehmen ist.

Die gezogene Nummer, sowie Ort und Zeit der Rückzahlung werden im Deutschen Reichsanzeiger und

Königlich Preußischen Staatsanzeiger einmal öffentlich bekanntgemacht. Zwischen der Bekanntmachung und dem Rückzahlungstermine, welcher auf einen Zinstermin zu legen ist, muß ein Zeitraum von mindestens 6 Monaten liegen.

Mit dem Rückzahlungstermine hört die Verzinsung auf, doch können ausnahmsweise bei verspäteter Einlieferung der gekündigten Schuldverschreibung nach Ablauf eines Vierteljahrs von dem Fälligkeitstermine ab als Depositalzinsen zwei vom Hundert für das Jahr des verschriebenen Betrages gewährt werden.

Die Rückzahlung erfolgt gegen Einlieferung der Schuldverschreibung, Erneuerungsschein (Zinsscheinanweisung) und der nicht fälligen Zinsscheine.

Für fehlende Zinsscheine wird der entsprechende Betrag in Abzug gebracht.

o) Die Rückzahlung des Darlehens geschieht in der Weise, daß der Schuldner einen dem Nennwert nach gleich hohen Betrag an Schuldverschreibungen desselben Zinssatzes, wie solche für ihn ausgefertigt sind, nebst den laufenden Zinsscheinen und der Zinsscheinanweisung einliefert.

Die eingelieferten Schuldverschreibungen können zur Ausreichung neuer Darlehensbeträge wieder in Umlauf gesetzt werden. Bis zu dieser Verwendung sind die Schuldverschreibungen unter Mitverschluß des Syndikus im landschaftlichen Depositorium zu verwahren und die Zinsscheine nach Eintritt der Fälligkeit zu vernichten. Die Rückzahlung des Darlehens ist im Register zu vermerken und auf der Urkunde durch den Syndikus zu bescheinigen. Bei der Wiederausgabe der Schuldverschreibungen ist die Deckungsbescheinigung durch Erneuerung des Datums und der Unterschrift von dem Syndikus neu auszustellen.

Soweit die eingelieferten Schuldverschreibungen zur Ausreichung neuer Darlehen nicht verwahrt werden,

werden sie im Register gelöscht, mit den zugehörigen Zinsscheinen und Erneuerungsscheinen von dem Syndikus kassiert und von der Direktion durch Feuer vernichtet.

p) Das Erlöschen der Ansprüche aus der Schuldverschreibung oder den Zinsscheinen richtet sich nach den Vorschriften des Bürgerlichen Gesetzbuchs.

Die Direktion ist ermächtigt, in einzelnen Fällen aus besonderen Gründen eine nachträgliche Auszahlung verfallener Zinsscheine und nicht eingelöster Schuldverschreibungen anzuordnen.

q) Sind Schuldverschreibungen, Zinsscheine oder Erneuerungsscheine (Zinsscheinanweisungen) infolge Beschädigung oder Verunstaltung zum Umlauf nicht mehr geeignet, so kann der Inhaber, sofern der wesentliche Inhalt und die Unterscheidungsmerkmale der Urkunde noch mit Sicherheit erkennbar sind, gegen Aushändigung des beschädigten oder verunstalteten Papiers die Erteilung einer neuen Urkunde verlangen. Die Erteilung erfolgt gegen Erstattung der baren Auslagen.

Außer diesem Fall ist die Ausfertigung und Ausreichung neuer Schuldverschreibungen an Stelle beschädigter, abhanden gekommener oder vernichteter Schuldverschreibungen nur nach gerichtlicher Kraftloserklärung der letzteren zulässig. Das Aufgebotsverfahren richtet sich nach der Vorschrift der Zivilprozeßordnung.

6. Zur Einführung der Schuldverschreibungen an den Börsen bedarf es deren Zulassung. Für diese ist ebenso wie bei den Pfandbriefen, da es sich um Wertpapiere der Landschaft, einer unter staatlicher Aufsicht stehenden Pfandbriefanstalt handelt, der Zulassungsstelle der Börse die Zuständigkeit entzogen, indem die Staatsregierung gemäß § 40 Abs. 1 des BörsGes. die Landschaft hinsichtlich der genehmigten 5 Mill. Mk. vom Prospektzwang befreit und damit zugleich die Zulassung beschlossen hat (Erlaß

vom 31. Juli 1908). In dem ergangenen Erlaß über die Prospektbefreiung ist entsprechend der Genehmigung zur Ausgabe von Schuldverschreibungen der Betrag von 5 Mill. Mk. angegeben. Es liegt hierin ein Unterschied gegenüber der Prospektbefreiung bei den Pfandbriefen, die ohne Angabe eines bestimmten Betrages erfolgt. Dieser Unterschied ist dadurch begründet, daß die Landschaft zurzeit zur Ausgabe von Schuldverschreibungen nur in Höhe des angegebenen Betrages berechtigt ist, während sie in der Ausgabe von Pfandbriefen nach der Landschaftsordnung an sich unbeschränkt ist. Gegenüber dem letzteren unbeschränkten Ausgabeprivilegium hat die Bestimmung, daß der Betrag der auf das 5/6 des Taxwerts ausgegebenen Pfandbriefe zusammen mit den Schuldverschreibungen nur 10 Mill. Mk. ausmachen darf, nur die Bedeutung einer Ordnungsvorschrift, deren Einhaltung dem pflichtmäßigen Verhalten der General-Landschaftsdirektion überlassen und der Kontrolle der Börsen nicht unterworfen ist. Mit der Prospektbefreiung ist die Beteiligung der Zulassungsstelle beim Börsenhandel mit diesen 5 Mill. Mk. der Schuldverschreibungen ebenso ausgeschaltet wie bei dem mit den Ostpreußischen Pfandbriefen. Zum Zwecke der Einführung an der Börse sind dem Börsenvorstande nur die Merkmale der Schuldverschreibungen mitzuteilen (§ 40 BörsGes.) Dies ist geschehen und die Notierung der Schuldverschreibungen an den Börsen in Berlin und Königsberg i. Pr. erfolgt.

§ 6.

Die General-Landschaftsdirektion ist ermächtigt, anstatt des Meliorationskredites — § 5 — unter sinngemäßer Anwendung der für ihn geltenden Bestimmungen und in gleicher Höhe Kredit zum Zweck der Entschuldung durch Abstoßung nacheingetragener Hypotheken und Grundschulden zu bewilligen. In diesem Falle muß bezüglich der abzustoßenden, nach-eingetragenen Hypothek oder Grundschuld Abtretungsurkunde an die Landschaft beschafft und, falls ein Hypotheken- oder Grundschuldbrief gebildet ist, auch dieser der Landschaft eingereicht werden.

In gleicher Weise können auch Darlehen zur Ablösung eines dem Pfandbriefsdarlehen voreingetragenen Domänenzinses gewährt werden.

Vgl. die Anmerkungen zu § 5.

§ 7.

Abs. 1. Besitzer, welche einen erweiterten landschaftlichen Kredit zum Zwecke der Entschuldung ihres Gutes auf Grund des Abschnittes II (§§ 2 bis 6) beantragen, haben sich neben der Eintragung der Verschuldungsgrenze (§ 2) der Schuldentilgungspflicht nach Maßgabe folgender Bestimmungen zu unterwerfen.

Abs. 2. Die Besitzer solcher Güter sind verpflichtet:

a) 1/2 vom Hundert des ganzen innerhalb 2/3 des Taxwerts entnommenen Pfandbriefsdarlehens,

b) 2 vom Hundert des über 2/3 des Taxwerts etwa bewilligten Pfandbriefsdarlehens als Tilgungsbeiträge anzusammeln.

Abs. 3. Die Direktion ist ermächtigt, wenn 5% des Pfandbriefsdarlehens im Tilgungsfonds vorhanden sind, unter den von ihr festzusetzenden Bedingungen den angesammelten Betrag von Pfandbriefen unter gleichzeitiger Bewilligung eines gleich hohen neuen Pfandbriefsdarlehens zum Zwecke der Entschuldung aus dem Tilgungsfonds zu entnehmen und auszureichen. Der Besitzer darf die aus dem Tilgungsfonds entnommenen Pfandbriefe nur verwenden, um im Grundbuche des Grundstückes nach dem Pfandbriefsdarlehen eingetragene Hypotheken und Grundschulden ausschließlich zum Zwecke der Entschuldung des Gutes abzustoßen. Er ist verpflichtet, der General-Landschaftsdirektion diesen Verwendungszweck nachzuweisen.

Abs. 4. Die Neubeleihung gemäß Abs. 3 setzt die Feststellung voraus, daß der wirtschaftliche Zustand des Gutes nicht schlechter ist, als zur Zeit der Taxe. In welcher Weise diese Feststellung erfolgt, unterliegt dem Ermessen der Direktion.

Abs. 5. Die Ausreichung der Pfandbriefe erfolgt erst dann, wenn der Löschungsantrag des Besitzers, die Löschungsbewilligung des betreffenden Realgläubigers und, falls ein Hypotheken- oder Grundschuldbrief gebildet ist, auch dieser der Landschaft eingereicht ist.

Abs. 6. Verwendet der Besitzer unter Umgehung der ihm auferlegten Verpflichtungen die aus dem Tilgungsfonds entnommenen Pfandbriefe zu anderen Zwecken als zu der nach Abs. 3 zugelassenen Entschuldung, oder entzieht er sich seiner Verpflichtung zum Nachweis des zugelassenen Verwendungszweckes, oder erfüllt er die Bedingungen nicht, unter denen die General-Landschaftsdirektion die Abhebung des Tilgungsguthabens und die gleichzeitige Bewilligung eines neuen Pfandbriefsdarlehens genehmigt hat, so kann dieses Darlehen ganz oder teilweise mit dreimonatlicher Frist von der Generaldirektion gekündigt werden. Die Direktion ist berechtigt, in diesen Fällen auch das übrige Pfandbriefsdarlehen ganz oder teilweise mit der gleichen Frist zurückzufordern.

Abs. 7. Sind 5% des Pfandbriefsdarlehens im Tilgungsfonds vorhanden und hinter dem Pfandbriefsdarlehen Hypotheken oder Grundschulden nachweislich nicht eingetragen, so ist der Besitzer berechtigt, Löschung des Pfandbriefsdarlehens in Höhe der angesammelten Tilgungsbeiträge unter Kassation des angesammelten Betrages von Pfandbriefen zu fordern. Sobald die Löschung erfolgt ist, wird er von weiterer Zahlung der Zinsen sowohl wie der Tilgungsbeiträge bezüglich des abgezahlten Teils des Pfandbriefsdarlehens entbunden. Auch kann der angesammelte Betrag von Pfandbriefen unter gleichzeitiger Bewilligung eines gleich hohen neuen Pfandbriefsdarlehens zum Zwecke der Erbregulierung aus dem Tilgungsfonds entnommen und verwendet werden.

Abs. 8. Pfandbriefsschuldner, welche den über die Hälfte des Taxwertes aufgenommenen Betrag des Pfandbriefsdarlehens im Tilgungsfonds angesammelt haben, können sich von der Verpflichtung zur Zahlung der Tilgungsbeiträge und der Zinsen bezüglich des über $1/2$ des Taxwertes hinausgehenden Darlehensbetrages durch den Nachweis befreien, daß keine Nachhypotheken auf ihre Grundstücke eingetragen sind. Die Befreiung dauert so lange, als diese Voraussetzung vorliegt. In gleicher Weise sind von der Zahlung von Tilgungsbeiträgen solche Pfandbriefsschuldner befreit, die ihr Gut nur bis zur Hälfte des Taxwertes beleihen.

Abs. 9. Soweit die Bestimmungen der Absätze 1 bis 8 nicht entgegenstehen, finden auf die Schuldentilgungspflicht die allgemeinen Vorschriften über die landschaftliche Tilgung sinngemäße Anwendung.

1. Die verstärkte Tilgungspflicht ist eine weitere Voraussetzung des vermehrten Kredits. Nach ihr sind neben den bisherigen Tilgungsbeiträgen von $1/2$ % noch 2 % des $5/6$-Kredits jährlich zu zahlen, so daß letzterer, wenn keine Nachhypotheken oder Grundschulden im Grundbuche eingetragen sind, in 18 Jahren getilgt ist, da die so erhöhte Tilgung 4 % des $5/6$-Kredits ausmacht. Sind Nachhypotheken oder Grundschulden eingetragen, so können die Tilgungsbeiträge erst zur Tilgung dieser und erst nach deren völliger Ablösung zur Tilgung des Pfandbriefsdarlehens verwandt werden. In jedem Falle werden aber die Tilgungsbeiträge zunächst zu einem Tilgungsguthaben angesammelt, das erst, wenn es 5 % des Pfandbriefsdarlehens, und zwar des gesamten bis $2/3$ wie über $2/3$ des Taxwerts gegebenen Darlehens beträgt, zum Zwecke der Schuldentilgung verwandt werden darf. Damit soll eine zu häufige Unterbrechung der Tilgung wegen geringfügiger Beträge verhütet werden.

2. Sollen nacheingetragene Realforderungen mit dem Tilgungsguthaben abgezahlt werden, so muß der Guts-

eigentümer an Stelle des im Tilgungsfonds angesammelten Betrages ein neues Pfandbriefsdarlehen aufnehmen. Dieses wiederum erfordert die Feststellung der General-Landschaftsdirektion, daß der wirtschaftliche Zustand des Gutes nicht schlechter ist als zur Zeit der Taxe. Für diese Feststellung ist die Vornahme einer Taxnachprüfung an Ort und Stelle nicht wie bei den freiverschuldbaren Gütern obligatorisch. Es hängt vielmehr von dem Ermessen der Direktion ab, ob sie im einzelnen Fall gefordert wird oder nicht. Außerdem muß aber der Besitzer durch Einreichung seines Löschungsantrages, der Löschungsbewilligung des Gläubigers und des etwa vorhandenen Hypotheken- oder Grundschuldbriefes die Direktion in die Lage setzen, die Löschung der abzulösenden Post im Grundbuche zu veranlassen. Da es sich um eine Erneuerung des ursprünglichen Darlehens handelt, treffen den Gutseigentümer bei Nichterfüllung der ihm obliegenden Verpflichtungen die gleichen Folgen wie bei nicht ordnungsmäßiger Verwendung eines neugewährten Darlehens.

3. Sind keine Realforderungen nach dem Pfandbriefsdarlehen mehr eingetragen, also auch keine Hypothek für einen Spannungskredit, und will der Gutseigentümer das Tilgungsguthaben zur Löschung eines entsprechenden Teils des Pfandbriefsdarlehens verwenden, so werden die angesammelten Pfandbriefe des Tilgungsfonds kassiert. Auch wird der Gutseigentümer von weiterer Zahlung der Zinsen und Tilgungsbeiträge befreit.

4. Die Verpflichtung zur Zahlung der Tilgungsbeiträge dauert grundsätzlich so lange, bis der Betrag des ganzen Pfandbriefsdarlehens im Tilgungsfonds angesammelt ist. Die für freiverschuldbare Güter geltende Bestimmung, wonach für Güter, die nur bis $^1/_2$ des Taxwertes beliehen sind, eine Tilgungspflicht nicht besteht, ist für die Güter mit Verschuldungsgrenze nicht übernommen. Eine Berücksichtigung derartig niedrig beliehener Güter hat nur insofern stattgefunden, als sie von Zahlung der Tilgungs-

beiträge auf ihren Antrag befreit werden, wenn sie nachweisen, daß keine Nachhypotheken im Grundbuche eingetragen sind.

5. Die landschaftliche Tilgung hat gegen früher eine wesentlich andere Bedeutung. Sie war im Laufe der Zeit mehr und mehr in eine Scheintilgung ausgeartet. Der Pfandbriefschuldner hatte sich daran gewöhnt, das Tilgungsguthaben als Sparfonds zu betrachten, auf dessen Abhebung und beliebige Verwendung er ein gutes Recht hat. Der Verbreitung dieser Auffassung kam der Umstand zu Hilfe, daß es vom Standpunkt des Assoziierten die Pfandbriefschuld auch eigentlich gar nicht ist, an deren Ablösung ihm liegt. Der Pfandbriefschuldner für seine Person hat kein Interesse daran, daß das billige unkündbare landschaftliche Darlehen getilgt wird. Nicht eine Kürzung, sondern im Gegenteil eine möglichst hohe Ausnutzung des landschaftlichen Kredits entspricht naturgemäß seinen Wünschen. Daher auch sein Bestreben, durch Abhebung des Tilgungsguthabens oder, wenn dies noch nicht zulässig war, durch Verpfändung bei der Bank der Landschaft von diesem Kredit so schnell wie möglich in vollem Umfange wieder Gebrauch zu machen. Durch die jetzigen Bestimmungen ist eine möglichst ununterbrochene Tilgung gesichert und eine beliebige Verwendung des Tilgungsguthabens ohne Rücksicht auf die Entschuldung ausgeschlossen. Insbesondere ist also eine Verpfändung des Tilgungsguthabens zur Begründung eines Kontokorrentkredits bei der Bank der Landschaft unzulässig (III. Nachtrag zum Statut der Bank vom 20. Mai 1869 in der Fassung vom 11. Februar 1904). Eine Ausnahme wird nur gemacht und das Verfügungsrecht zur Verpfändung bei der Bank zugelassen, wenn hinter dem Pfandbriefsdarlehen Nachhypotheken oder Grundschulden nicht mehr eingetragen sind und nur noch die Tilgung des Pfandbriefsdarlehens in Frage steht. Eine weitere Ausnahme gilt zugunsten der Erbregulierung. Zur Erleichterung dieser

können die Bestände des Tilgungsfonds aus ihm entnommen und zur Erbregulierung verwendet werden. Dazu bedarf es jedoch der Genehmigung der General-Landschaftsdirektion, die erst nach eingehender Sachprüfung erteilt werden kann. Durch die jetzige Regelung der Schuldentilgung werden die drückenden Wirkungen einer etwa vorhandenen unwirtschaftlichen Verschuldung in stetig fortschreitendem Maße gemildert. Damit nimmt auch die Kreditstärkung der Landschaft von Jahr zu Jahr an Kraft und Bedeutung zu.

6. Die stärkere Tilgungspflicht mutet dem Gutseigentümer bei Inanspruchnahme des weiteren landschaftlichen Kredits im allgemeinen nicht erheblich höhere Leistungen zu, als er gegenwärtig zu tragen hat. Er hat künftig für das fünfte Sechstel und den Meliorationskredit an Zinsen und Tilgungsraten im ganzen meistens nur ebensoviel oder nur wenig mehr zu bezahlen, als er bisher allein an Zinsen zu zahlen hätte. Dies ergibt sich aus den nachstehenden Beispielen, welche gleichzeitig ein Bild von der Wirkung des landschaftlichen Entschuldungsverfahrens zu geben geeignet sind. In diesen Beispielen ist bei der heutigen Geldlage angenommen, daß der Mehrkredit zu 4 % verzinslich ist. In dem Beispiel A ist ferner davon ausgegangen, daß ein Gut, dessen Taxwert 60000 Mk. beträgt, mit 40000 Mk. Landschaft und 22500 Mk. Privatkapital belastet ist. Erhält dieser Besitzer die 5/6-Beleihung mit 10000 Mk., so kann er die Privathypothek bis auf 12500 Mk. abstoßen. Die von ihm zu leistenden Jahreszahlungen an Zinsen und Tilgungsbeiträgen erhöhen sich allerdings um 100 Mk., und zwar vermindert sich die Zinslast um 100 Mk., während der Tilgungsbeitrag um 200 Mk. steigt. Mit dieser erhöhten Tilgung wird aber der landschaftliche 5/6-Kredit in 18 Jahren im Tilgungsfonds angesammelt. Das Tilgungsguthaben ist dann zur Abstoßung der nicht abgelösten Privathypotheken verwendbar, wozu auch bei einer etwaigen neuen und höheren Taxe der

A. Taxwert 60000 Mk.

Bisherige Belastung:

1. Pfandbriefe zu 3 ½ %	40000 Mk. — Pf.
2. Privatkapital	
I zu 4 ½ %	12500 „ — „
II „ 5 %	10000 „ — „
	62500 Mk. — Pf.

Neue Belastung:

1. Pfandbriefe zu 3 ½ %	40000 Mk. — Pf.
das fünfte Sechstel zu 4 %	10000 „ — „
2. Privatkapital zu 4 ½ %	12500 „ — „
	62500 Mk. — Pf.

Jahreszahlung bisher:

A. Zinsen:

1. Pfandbriefszinsen 3½ % von 40000 Mk.	1400 Mk. — Pf.
2. Zinsen vom Privatkapital	
I 4 ½ % von 12500 Mk. . .	562 „ 50 „
II 5 % von 10000 Mk. . .	500 „ — „

Jahreszahlung neu:

A. Zinsen:

1. 3 ½ % von 40000 Mk. Pfandbriefen . .	1400 Mk. — Pf.
2. 4 % von 10000 Mk. Pfandbriefen . .	400 „ — „
3. 4 ½ % von 12500 Mk. Privatkapital . .	562 „ 50 „

B. Tilgungsbeiträge: $^1/_2$ % von 40000 Mk. Pfandbriefen . . . 200 Mk. — Pf. 2662 Mk. 50 Pf.	B. Tilgungsbeiträge: a) $^1/_2$ % von 40000 Mk. Pfandbriefen . . 200 Mk. — Pf. b) 2 % von 10000 Mk. Pfandbriefen . . 200 „ — „ 2762 Mk. 50 Pf.
Künftig mehr Jahresbelastung 100 Mk. dafür künftig weniger Zinsen jährlich . . . . . 100 „ und mehr Amortisation . . . . 200 „	Zulässiger Spannungskredit: 16 % von 40000 Mk. = 6400 Mk., verwendbar zu Meliorationen, zur Entschuldung oder zur Ablösung von Domänenzins.
Die Privatkapitalien sind kündbar und werden nicht getilgt.	Der $^5/_6$-Kredit ist in spätestens 18 Jahren, der Meliorationskredit in spätestens 30 Jahren getilgt.
Der sonst übliche Betriebskredit wird meist mindestens mit 6 % verzinst, ohne daß in diesem Zinssatze ein Tilgungsbeitrag enthalten ist.	Die Jahreszahlung vom Meliorations- oder Spannungskredit beträgt 6 %, davon entfallen 4 % auf Verzinsung, 1 $^1/_2$ % auf Tilgung und $^1/_2$ % auf Verwaltungskosten und Reservefonds.

B. Alter Taxwert: 60000 Mk.

Bisherige Belastung:

1. Pfandbriefe zu 3 ½ %	40000 Mk.	— Pf.	
2. Privatkapital			
I zu 4 ½ %	12500 „	— „	
II zu 5 %	10000 „	— „	
	62500 Mk.	— Pf.	

Neuer Taxwert: 75000 Mk.

Neue Belastung:

a) Pfandbriefe zu 3 ½ %	40000 Mk.	— Pf.
b) „ „ 4 % .	10000 „	— „
c) das fünfte Sechstel zu 4 %	12500 „	— „
	62500 Mk.	— Pf.

Jahreszahlung bisher:

A. Zinsen:

1. Pfandbriefszinsen 3½ % von 40000 Mk.	1400 Mk.	— Pf.
2. Zinsen vom Privatkapital		
I 4½ % von 12500 Mk. . . .	562 „	50 „
II 5 % von 10000 Mk.	500 „	— „

Jahreszahlung neu:

A. Zinsen:

3½ % von 40000 Mk. Pfandbriefen . . .	1400 Mk.	— Pf.
4 % von 10000 Mk. Pfandbriefen (Mehrkredit)	400 „	— „
4 % von 12500 Mk. Pfandbriefen (fünftes Sechstel).	500 „	— „

B. Tilgungsbeiträge: ½% von 40000 Mk. Pfandbriefen . . . 200 Mk. — Pf. 2662 Mk. 50 Pf.	B. Tilgungsbeiträge: a) ½% von 50000 Mk. Pfandbriefen . . 250 Mk. — Pf. b) 2% vom fünften Sechstel = (12500 Mk.) 250 „ — „ 2800 Mk. — Pf.
Künftig mehr Jahresbelastung . . . . . 137 Mk. 50 Pf. dafür künftig weniger Zinsen jährlich . . . . 162 „ 50 „ und mehr Amortisation . 300 „ — „	Zulässiger Spannungskredit: 16% von 40000 Mk. = 6400 Mk. und 8% von 10000 „ = 800 „ , verwendbar zu Meliorationen, zur Entschuldung oder zur Ablösung von Domänenzins.
Die Privatkapitalien sind kündbar und werden nicht getilgt.	Der ⅚-Kredit ist in spätestens 18 Jahren, der Meliorationskredit in spätestens 30 Jahren getilgt.
Der sonst übliche Betriebskredit wird meist mindestens mit 6% verzinst, ohne daß in diesem Zinssatze ein Tilgungsbeitrag enthalten ist.	Die Jahreszahlung vom Meliorations- oder Spannungskredit beträgt 6%, davon entfallen 4% auf Verzinsung, 1½% auf Tilgung und ½% auf Verwaltungskosten und Reservefonds.

durch sie herbeigeführte erweiterte Pfandbriefskredit zu benutzen ist.

Günstiger stellt sich die Sache noch, wenn sogleich bei Einleitung des Entschuldungsverfahrens eine neue Taxe des Gutes aufgenommen werden kann (Beispiel B) und dabei der Taxwert sich auf 75000 Mk. erhöht. Dann kann der Besitzer mit dem fünften Sechstel seine Privathypotheken ganz abstoßen und zahlt pro Jahr zwar 137 Mk. 50 Pf. mehr als früher, aber an Zinsen 162 Mk. 50 Pf. weniger, während auf Tilgung 300 Mk. mehr entfallen. Der 5/6-Kredit ist mit dieser Tilgung ebenfalls in 18 Jahren zurückgezahlt.

Ob neben dem 5/6-Darlehen noch ein Spannungskredit bewilligt ist, kommt für die Wirkung dieser Tilgung nicht in Betracht, weil der Spannungskredit für seine Tilgung nicht auf die Tilgungsraten des Pfandbriefsdarlehens angewiesen ist, sondern aus den neben diesen zu zahlenden höheren Jahresleistungen des 2/3-Darlehens getilgt wird.

Abschnitt IV.

§ 8.

Abs. 1. Pfandbriefsschuldner, welche ihr Gut der Verschuldungsgrenze und der Schuldentilgungspflicht nicht unterwerfen (§ 2), können sich dadurch von Zahlung der Tilgungsbeiträge befreien, daß sie mit Genehmigung der Landschaft einen Lebensversicherungsvertrag mit der Bank der Ostpreußischen Landschaft oder einer von der Landschaft gebilligten Anstalt abschließen und der Landschaft die Rechte aus der Versicherung unter Niederlegung des Versicherungsscheines bei ihr verpfänden. Dasselbe gilt für Pfandbriefsschuldner, welche ihr Gut der Verschuldungsgrenze und der Schuldentilgungspflicht unterwerfen, wenn ihr Pfandbriefsdarlehen $^{2}/_{3}$ des Taxwertes nicht übersteigt und Nachhypotheken- oder Grundschulden im Grundbuche nicht eingetragen sind.

Abs. 2. Die Lebensversicherung kann entweder eine einfache sein, bei der die Versicherungssumme schlechthin beim Tode des Versicherten fällig ist, oder eine abgekürzte, bei der die Versicherungssumme sowohl beim Tode des Versicherten wie bei Lebzeiten nach Ablauf einer verabredeten Reihe von Jahren oder bei Erreichung eines verabredeten Lebensalters fällig ist.

Abs. 3. Die Versicherung ist auf das Leben des Besitzers abzuschließen, kann jedoch mit Genehmigung der Landschaft auch auf das Leben einer anderen Person abgeschlossen werden. Die Lebensversicherungssumme muß mindestens 25% des Pfandbriefsdarlehens erreichen. Die Jahresprämien müssen mindestens $^{1}/_{2}$% und dürfen zusammen mit den für das Pfandbriefsdarlehen zu zahlenden Jahresleistungen nicht mehr als 5% des Pfandbriefsdarlehens betragen.

Abs. 4. Der Besitzer muß sich gemäß § 127 der Landschafts-Ordnung verpflichten, die Prämien der Landschaft in halbjährlichen Raten zugleich mit den Pfandbriefszinsen zu zahlen und zur Sicherstellung dieser Verpflichtung eine Erhöhung der Jahresleistungen des Pfandbriefsdarlehens bis 5% desselben ins Grundbuch eintragen lassen. Die Landschaft zahlt die Prämien an die Bank bzw. Versicherungsanstalt und schießt sie für Rechnung der Besitzer ebenso vor wie die Tilgungsbeiträge.

Abs. 5. Tritt bei bestehender Versicherung ein Eigentumswechsel außer durch Erbschaft oder durch Zwangsversteigerung ein, so kann der bisherige Eigentümer oder, wenn dieser darauf verzichtet, der Versicherte das Pfandrecht der Landschaft aufheben, wenn er an die Landschaft zum Tilgungsfonds den festzustellenden Rückkaufswert und die etwa rückständigen Prämien zahlt. Geschieht dies bis zur Auflassung, so erhält er die Police zur freien Verfügung ausgehändigt. Geschieht dies bis dahin nicht, so hebt die Landschaft die Versicherung auf und nimmt den von der Bank bzw. Versicherungsanstalt gezahlten Rückkaufswert zum Tilgungsfonds.

Abs. 6. Im Falle der Zwangsversteigerung hebt die Landschaft die Versicherung auf und verfährt mit dem Rückkaufswert nach § 178 Abs. 11 der Landschafts-Ordnung. Von der Aufhebung der Versicherung kann abgesehen werden, wenn der bisherige Eigentümer oder, sofern dieser darauf verzichtet, der Versicherte den Rückkaufswert und die etwa rückständigen Prämien vor dem Verteilungstermin nach § 178 Abs. 11 a. a. O. zum Tilgungsfonds einzahlt. In diesem Fall erhält der Eigentümer oder der Versicherte die Police zur freien Verfügung ausgehändigt.

Abs. 7. Wenn der Besitzer mit den Prämienzahlungen im Rückstande bleibt, finden die Bestimmungen des § 178 Abs. 7 und 8 der Landschafts-Ordnung entsprechende Anwendung. Auch kann die Landschaft den Versicherungsvertrag aufheben. Die an die Landschaft gezahlten Beträge an Rückkaufswert oder Versicherungssumme werden ebenso behandelt wie das Guthaben eines Besitzers am Tilgungsfonds (§ 178 Abs. 7 und 8 a. a. O.). Doch ist die General-Landschaftsdirektion berechtigt, die beim Tode des Versicherten an die Landschaft gezahlte Versicherungssumme ganz oder teilweise zum Zwecke der Erbregulierung oder zu sonstigen Zwecken an die Erben des Besitzers zur Auszahlung zu bringen.

Abs. 8. Die General-Landschaftsdirektion wird ermächtigt, die erforderlichen Ausführungsbestimmungen zu erlassen.

1. Die Lebensversicherung wird hier zum ersten Male für die Entschuldung des Grundbesitzes mit der landschaftlichen Beleihung in organische Verbindung gebracht. Ihre Anwendung ist von der Eintragung der Verschuldungsgrenze nicht abhängig. Gerade denjenigen Besitzern, welche sich nicht entschließen können, ihr Gut der Verschuldungsgrenze und der damit verbundenen Schuldentilgungspflicht zu unterwerfen, gewährt sie einen Weg zu einer wirksameren Tilgung als bisher. Denn die Lebensversicherung allein gibt volle Sicherheit für die gänzliche Tilgung der Darlehensschuld spätestens beim Ableben des versicherten Darlehensschuldners eventuell auch in einem früheren Zeitpunkte (Erreichung eines bestimmten Lebensalters), ein Ziel, das

beim Tilgungsverfahren, wenn man schon von der Unterbrechung absieht, nie allgemein erreicht werden kann, weil ein Teil der Schuldner den Ablauf der Tilgungsperiode sicher nicht erlebt. Die Landschaft sieht zwar davon ab, eine bestimmte Lebensversicherungsform vorzuschreiben. Doch ist nach den gegebenen Bestimmungen die sogenannte Hypothekentilgungsversicherung des Geheimen Hofrats Hecht auszuschließen, deren Wesen darin besteht, daß neben den Tilgungsraten Prämien gezahlt werden und nur der jeweilig am Anfange eines Versicherungsjahres rechnungsmäßig verbliebene Kapitalsrest als versichert gilt. Zur Prämienzahlung wird hier die bisher gezahlte Tilgungsrate dem Gutseigentümer freigegeben und andererseits verlangt, daß die Versicherungssumme mindestens 25 % und die Jahresprämie mindestens ½ % des Darlehens ausmacht. Auch wird gestattet, daß der Gutseigentümer eine höhere Jahresprämie übernimmt, die aber mit Rücksicht auf die Leistungsfähigkeit des Gutes und die Möglichkeit der dinglichen Sicherstellung zusammen mit den für das Pfandbriefsdarlehen zu zahlenden Jahresleistungen 5 % des Pfandbriefsdarlehens nicht übersteigen darf. Der Höchstsatz von 5 % ist geboten, weil ein höherer Zinsfuß des Pfandbriefsdarlehens ohne Zustimmung der im Range gleich- oder nachstehenden Berechtigten im Grundbuche an gleicher Stelle wie das Pfandbriefsdarlehen nicht eingetragen werden darf. Ist die Prämie nicht größer wie die bisherige Tilgungsrate, so genügt es, wenn im Grundbuche vermerkt wird, daß die bisherige Tilgungsrate zur Deckung der Prämie für einen Lebensversicherungsvertrag verwendet wird, anderenfalls ist die Erhöhung des Zinssatzes für das Pfandbriefsdarlehen einzutragen. Der Zweck dieser Bestimmungen ist nicht, in erster Reihe eine völlige Entschuldung herbeizuführen, sondern es soll zunächst ein Anreiz zum Abschluß von Lebensversicherungsverträgen gegeben werden, um rascher die Lebensversicherung überhaupt als Entschuldungsmittel in der Landwirtschaft einzubürgern. Dazu ist nicht erforderlich, daß die Versicherung in Höhe des Pfandbriefsdarlehens genommen wird oder neben die Tilgung tritt, sondern es genügt, wenn sie auf einen Teil des Darlehens beschränkt wird und die Stelle der Tilgung einnimmt, damit nicht eine wesentliche Erhöhung der bisherigen Jahreslast herbeigeführt wird. Der Verzicht auf die Verwendung der Tilgungsrate zur Abzahlung des Pfandbriefsdarlehens oder von nacheingetragenen Forderungen zugunsten der Lebensversicherung erscheint nicht zulässig, wenn bei den der Verschuldungsgrenze unterworfenen Gütern ein Pfandbriefsdarlehen über $^2/_3$ des Taxwerts eingetragen ist oder hinter dem Pfandbriefsdarlehen Nachhypotheken oder Grundschulden im Grundbuche eingetragen sind. Bei diesen Gütern muß die Tilgungsrate in erster Linie für die Abzahlung der Nachhypotheken bzw. des landschaftlichen $^5/_6$-Kredits zur Verfügung gehalten werden.

2. Für die erforderliche Sicherstellung des Kapitals muß durch vorsichtige Auswahl der Gesellschaften, bei denen Versicherung genommen werden darf, Sorge getragen werden. Die Einrichtung einer Versicherungsabteilung bei der Bank der Ostpreußischen Landschaft ist zurzeit noch ausgesetzt. Neben der Sicherheit kommt für die zu wählenden Gesellschaften in Betracht, daß die weitgehendsten Vergünstigungen gewährt werden, um mit einer möglichst geringen Belastung der Güter rechnen zu können.

Durch die Abtretung der Rechte aus dem Versicherungsvertrage an die Landschaft und die Niederlegung der Police bei ihr wird dafür gesorgt, daß das Lebensversicherungskapital dem Zwecke der Entschuldung nicht entzogen werden kann.

3. Den Versicherungsvertrag schließt der Gutseigentümer ab, die Prämie zahlt jedoch die Landschaft, die ihrerseits sie wiederum von dem Gutseigentümer einzieht.

4. Eine besondere Regelung ist bei bestehender Versicherung beim Eigentumswechsel erforderlich. Hier genügt die im allgemeinen in Aussicht genommene analoge An-

wendung der für das landschaftliche Tilgungsverfahren geltenden Bestimmungen nicht. Wegen der erheblichen persönlichen Interessen des bisherigen Gutseigentümers, oder wenn solche nicht vorliegen, des Versicherten, empfiehlt es sich, diesem das Recht zu geben, den Versicherungsvertrag für sich fortzusetzen, wenn die Landschaft genügend gesichert ist. Das letztere ist anzunehmen, wenn der durch Anfrage bei der Versicherungsgesellschaft festzustellende Rückkaufswert von dem bisherigen Gutseigentümer bzw. dem Versicherten zum Tilgungsfonds eingezahlt wird. Aber auch wenn derartige persönliche Interessen nicht geltend gemacht werden, erscheint es nicht angemessen, beim Eigentumswechsel den Versicherungsvertrag davon unberührt zu lassen. Die bei der Lebensversicherung so sehr mitsprechenden persönlichen Momente lassen dies nicht zu. Es ist deshalb angeordnet, daß die Landschaft den Versicherungsvertrag aufhebt, wenn ein dazu Berechtigter ihn nicht für eigene Rechnung übernehmen will. Der Rückkaufswert geht dann zum Tilgungsfonds oder er wird bei der Zwangsversteigerung ebenso verwendet, wie das Guthaben am Tilgungsfonds. Eine Ausnahme wird nur im Interesse der Beförderung der Lebensversicherung insofern zugelassen, als die General-Landschaftsdirektion das Recht hat, beim Tode des Versicherten die dann gezahlte Lebensversicherungssumme ganz oder teilweise auszuzahlen, ohne daß die sonstigen Voraussetzungen für die Abhebbarkeit und Verwendung des Tilgungsguthabens vorzuliegen brauchen. Dadurch wird es möglich, wichtige Interessen der Familie des Gutseigentümers bei dessen Tode in solchen Fällen zu berücksichtigen, wo das Interesse der Landschaft und des Gutes damit nicht im Widerspruch steht. Abgesehen hiervon werden alle an die Landschaft zur Zahlung gelangenden Beträge aus dem Versicherungsvertrage, wie das Lebensversicherungskapital und der Rückkaufswert, sowie die von dem Eigentümer oder Versicherten zur Freistellung der Police gezahlte Summe ebenso behandelt, wie das Guthaben am Tilgungsfonds und dürfen nur unter den gleichen Bedingungen wie dieses verwendet werden.

5. Die Landschaft hat für die zwangsweise Beitreibung der rückständigen Versicherungsprämie die gleichen Vorrechte wie bezüglich der Pfandbriefszinsen und Tilgungsbeiträge. Außerdem ist sie aber auch berechtigt, den Versicherungsvertrag aufzuheben.

Abschnitt V.

§ 9.

Abs. 1. Die Gesamtsumme der zur Gewährung von Darlehen nach § 4 bis 6 auszugebenden Pfandbriefe und Schuldverschreibungen wird vom General-Landtage festgesetzt. Dieser Betrag wird für die nächste Etatsperiode 1907/10 auf 10 Millionen Mark bemessen.

Abs. 2. Solange ein Reservefonds gemäß § 5 Abs. 3 in einer Höhe von 1 Million Mark noch nicht angesammelt ist, wird er bis zu diesem Betrage aus dem Eigentümlichen Fonds der Landschaft ergänzt. Diese Zuschüsse fließen demnächst mit dem Wachsen des Reservefonds in den Landschaftsfonds zurück.

Der Gesamtbetrag von 10 Mill. Mk. ist je zur Hälfte auf die für den $^5/_6$-Kredit auszugebenden Pfandbriefe und auf die landschaftlichen Schuldverschreibungen verteilt. Vgl. Anm. 4 zu § 5.

§ 10.

Diese Bestimmungen treten nach der vorgeschriebenen landesherrlichen Genehmigung und mit Erlaß der Königlichen Verordnung in Kraft, durch die für den Bezirk der Ostpreußischen Landschaft der Zeitpunkt des Inkrafttretens des Gesetzes vom 20. August 1906, betreffend die Zulassung einer Verschuldungsgrenze für land- oder forstwirtschaftlich genutzte Grundstücke (GS. S. 389), bestimmt und die Ostpreußische Landschaft für die Ausführung dieses Gesetzes als zuständig erklärt wird.

Die Bestimmungen sind nach Publikation in den Amtsblättern der Regierungen Königsberg, Gumbinnen, Allenstein und Marienwerder mit dem 14. Mai 1908 in Kraft getreten.

Anhang.

1. Die wesentlichen gesetzlichen und statutarischen Bestimmungen.

BGB.

§ 890. Mehrere Grundstücke können dadurch zu einem Grundstücke vereinigt werden, daß der Eigentümer sie als ein Grundstück in das Grundbuch eintragen läßt.

Ein Grundstück kann dadurch zum Bestandteil eines anderen Grundstücks gemacht werden, daß der Eigentümer es diesem im Grundbuche zuschreiben läßt.

§ 1115 Abs. 1. . . . .

Abs. 2. Bei der Eintragung der Hypothek für ein Darlehen einer Kreditanstalt, deren Satzung von der zuständigen Behörde öffentlich bekannt gemacht worden ist, genügt zur Bezeichnung der außer den Zinsen satzungsgemäß zu entrichtenden Nebenleistungen die Bezugnahme auf die Satzung.

§ 1136. Eine Vereinbarung, durch die sich der Eigentümer dem Gläubiger gegenüber verpflichtet, das Grundstück nicht zu veräußern oder nicht weiter zu belasten, ist nichtig.

§ 1180. An die Stelle der Forderung, für welche die Hypothek besteht, kann eine andere Forderung gesetzt werden. Zu der Änderung ist die Einigung des Gläubigers und des Eigentümers sowie die Eintragung in das Grundbuch erforderlich; die Vorschriften des § 873 Abs. 2 und der §§ 876, 878 finden entsprechende Anwendung.

Steht die Forderung, die an die Stelle der bisherigen Forderung treten soll, nicht dem bisherigen Hypothekengläubiger zu, so ist dessen Zustimmung erforderlich; die Zustimmung ist dem Grundbuchamt oder demjenigen gegenüber zu erklären, zu dessen Gunsten sie erfolgt. Die Vorschriften des § 875 Abs. 2 und des § 876 finden entsprechende Anwendung.

§ 1202. Der Eigentümer kann das Ablösungsrecht erst nach vorgängiger Kündigung ausüben. Die Kündigungsfrist beträgt sechs Monate, wenn nicht ein anderes bestimmt ist.

Eine Beschränkung des Kündigungsrechts ist nur so weit zulässig, daß der Eigentümer nach dreißig Jahren unter Einhaltung der sechsmonatigen Frist kündigen kann.

Hat der Eigentümer gekündigt, so kann der Gläubiger nach dem Ablaufe der Kündigungsfrist die Zahlung der Ablösungssumme aus dem Grundstücke verlangen.

EGBGB.

Art. 117. Unberührt bleiben die landesgesetzlichen Vorschriften, welche die Belastung eines Grundstücks über eine bestimmte Wertgrenze hinaus untersagen.

Unberührt bleiben die landesgesetzlichen Vorschriften, welche die Belastung eines Grundstücks mit einer unkündbaren Hypothek oder Grundschuld untersagen oder die Ausschließung des Kündigungsrechts des Eigentümers bei Hypothekenforderungen und Grundschulden zeitlich beschränken und bei Rentenschulden nur für eine kürzere als die im § 1202 Abs. 2 des Bürgerlichen Gesetzbuchs bestimmte Zeit zulassen.

Art. 119. Unberührt bleiben die landesgesetzlichen Vorschriften, welche

1. . . . .
2. die Teilung eines Grundstücks oder die getrennte Veräußerung von Grundstücken, die bisher zusammen bewirtschaftet worden sind, untersagen oder beschränken;
3. . . . .

Art. 167. In Kraft bleiben die landesgesetzlichen Vorschriften, welche die zur Zeit des Inkrafttretens des Bürgerlichen Gesetzbuchs bestehenden landschaftlichen oder ritterschaftlichen Kreditanstalten betreffen.

Art. 218. Soweit nach den Vorschriften dieses Abschnitts die bisherigen Landesgesetze maßgebend bleiben, können sie nach dem Inkrafttreten des Bürgerlichen Gesetzbuchs durch Landesgesetz auch geändert werden.

Pr. AGBGB.

Art. 32 § 1. Bei Hypothekenforderungen, Grundschulden und Rentenschulden kann das Kündigungsrecht des Eigentümers nur so weit ausgeschlossen werden, daß der Eigentümer nach zwanzig Jahren unter Einhaltung einer sechsmonatigen Frist kündigen kann.

Art. 73 § 1. Eine Hypothek, eine Grundschuld oder eine Rentenschuld an einem in Preußen belegenen Grundstück ist für die Anlegung von Mündelgeld als sicher anzusehen, wenn sie innerhalb des fünfzehnfachen oder, sofern ihr kein anderes der Eintragung bedürfendes Recht im Range vorgeht oder gleichsteht, innerhalb des zwanzigfachen des staatlich ermittelten Grundsteuerreinertrags oder bei einem ländlichen Grundstück innerhalb der ersten zwei Drittel, bei einem städtischen Grundstück innerhalb der ersten Hälfte des Wertes zu stehen kommt.

Der Wert ist bei ländlichen Grundstücken durch Taxe einer preußischen öffentlichen Kreditanstalt, die durch Vereinigung von Grundbesitzern gebildet ist und durch staatliche Verleihung Rechtsfähigkeit erlangt hat, oder durch Taxe einer preußischen provinzial-(kommunal-) ständischen öffentlichen Grundkreditanstalt oder durch gerichtliche Taxe, bei städtischen Grundstücken in gleicher Weise oder durch Taxe einer öffentlichen Feuerversicherungsanstalt festzustellen.

Art. 74. Zur Anlegung von Mündelgeld sind außer den im § 1807 des Bürgerlichen Gesetzbuchs bezeichneten Forderungen und Wertpapieren geeignet:

1—2. . . . .

3. die mit staatlicher Genehmigung ausgegebenen Pfandbriefe und gleichartigen Schuldverschreibungen einer Kreditanstalt der im Artikel 73 § 1 Abs. 2 bezeichneten Art.

Börsengesetz $\left(\frac{\text{22. Juni 1896}}{\text{8. Mai 1908}}\right)$.

§ 40. Für Schuldverschreibungen, deren Verzinsung und Rückzahlung von dem Reiche oder einem Bundesstaate gewährleistet ist, und für Schuldverschreibungen einer kommunalen Körperschaft, der Kreditanstalt einer solchen Körperschaft, einer kommunalständischen Kreditanstalt oder einer unter staatlicher Aufsicht stehenden Pfandbriefanstalt kann die Landesregierung (§ 1) anordnen, daß es der Einreichung eines Prospekts nicht bedarf. Mit dieser Anordnung gilt die Zulassung zum Börsenhandel als erfolgt.

Zum Zwecke der Einführung an der Börse sind dem Börsenvorstande der Betrag und die Merkmale der einzuführenden Wertpapiere mitzuteilen; bei den Pfandbriefen und gleichartigen Schuldverschreibungen einer kommunalständischen öffentlichen Grundkreditanstalt oder einer unter staatlicher Aufsicht stehenden öffentlichen Pfandbriefanstalt bedarf es der Angabe des Betrags nicht.

GBO.

§ 5. Ein Grundstück soll nur dann einem anderen Grundstück als Bestandteil zugeschrieben oder mit ihm vereinigt werden, wenn hiervon Verwirrung nicht zu besorgen ist.

§ 18. Steht einer beantragten Eintragung ein Hindernis entgegen, so hat das Grundbuchamt entweder den Antrag unter Angabe der Gründe zurückzuweisen oder dem Antragsteller eine angemessene Frist zur Hebung des Hindernisses zu bestimmen. Im letzteren

Falle ist der Antrag nach dem Ablaufe der Frist zurückzuweisen, wenn nicht inzwischen die Hebung des Hindernisses nachgewiesen ist.

Wird vor der Erledigung des Antrags eine andere Eintragung beantragt, durch die dasselbe Recht betroffen wird, so ist zugunsten des früher gestellten Antrags von Amts wegen eine Vormerkung oder ein Widerspruch einzutragen; die Eintragung gilt im Sinne des § 17 als Erledigung dieses Antrags. Die Vormerkung oder der Widerspruch wird von Amts wegen gelöscht, wenn der früher gestellte Antrag zurückgewiesen wird.

§ 29. Eine Eintragung soll nur erfolgen, wenn die Eintragungsbewilligung oder die sonstigen zu der Eintragung erforderlichen Erklärungen vor dem Grundbuchamte zu Protokoll gegeben oder durch öffentliche oder öffentlich beglaubigte Urkunden nachgewiesen werden. Andere Voraussetzungen der Eintragung bedürfen, soweit sie nicht bei dem Grundbuchamt offenkundig sind, des Nachweises durch öffentliche Urkunden.

§ 47. Die Löschung eines Rechtes oder einer Verfügungsbeschränkung erfolgt durch Eintragung eines Löschungsvermerkes.

Wird bei der Übertragung eines Grundstücks oder eines Grundstücksteils auf ein anderes Blatt ein eingetragenes Recht nicht mitübertragen, so gilt es in Ansehung des Grundstücks oder des Teiles als gelöscht.

Pr. AGGBO.

Art. 9. Erklärungen oder Ersuchen einer Behörde, auf Grund deren eine Eintragung erfolgen soll, sind ordnungsmäßig zu unterschreiben und mit Siegel oder Stempel zu versehen.

Art. 21. Die satzungsmäßigen Vorschriften, welche für die zur Zeit des Inkrafttretens des Bürgerlichen Gesetzbuchs bestehenden landschaftlichen oder ritterschaftlichen Kreditanstalten über die Aufnahme, Eintragung oder Löschung der Pfandbriefdarlehen sowie über die Umschreibung eingetragener Forderungen in Pfandbriefdarlehen und die Umwandlung der Pfandbriefe ergangen sind, bleiben in Kraft.

Als landschaftliche Kreditanstalten im Sinne des Abs. 1 gelten auch die provinzial-(kommunal-)ständischen öffentlichen Grundkreditanstalten.

LO.

§ 1. Abs. 1. Der Zweck des Kreditverbandes der Landschaft ist die Verbesserung und die Erhaltung eines dauerhaften Kredits der ostpreußischen Gutsbesitzer.

Abs. 2. Beides soll durch die Ausfertigung und den Umlauf privilegierter Pfandbriefe bewerkstelligt werden.

§ 14. Für die Sicherheit dieser Zahlungen (§ 13), sowie überhaupt sämtlicher durch diese Landschaftsordnung begründeten Forderungen der Pfandbriefsinhaber haften denselben:

a) die Landschaft mit ihrem ganzen Vermögen, zunächst mit ihren sämtlichen Hypothekenforderungen an ihre Darlehensschuldner;

b) (Generalgarantie)

1. alle bepfandbriefungsfähigen Landgüter des Landschaftsbezirks, welche nach den bei Erlaß der

Allerhöchsten Verordnung vom 24. Dezember 1808 in Kraft gewesenen Gesetzen zu vollem Eigentum besessen sind (Domänen, adlige, köllmische und zu gleichen Rechten besessene Güter — § 23 Abs. 1 a),

— sie mögen bepfandbriefst sein oder nicht —,

2. alle übrigen ländlichen Grundstücke des Landschaftsbezirks (bäuerliche — § 23 Abs. 1 a —) — wenn sie bepfandbriefst sind —,

3. alle in einer städtischen Feldmark belegenen Grundstücke und Ländereien (§ 23 Abs. 1 b und c) — wenn sie der Generalgarantie durch Eintragung im Grundbuche unterworfen sind —.

§ 16. Alle Pfandbriefe haben gleiche Vorrechte.

§ 178. Abs. 1. Pfandbriefskredit über die Hälfte des Gutswerts kann nur bewilligt werden, wenn der Besitzer sich besonders verpflichtet, den über diese Hälfte entnommenen Darlehensbetrag mit $^1/_2$ vom Hundert des ganzen Pfandbriefsdarlehens jährlich zu tilgen. Die Tilgungspflicht hinsichtlich der vor dem 24. Februar 1899 bewilligten Pfandbriefsdarlehen richtet sich so lange nach den seitherigen Bestimmungen im § 178 Abs. 1 und 2 der Landschaftsordnung, bis ein weiterer Pfandbriefskredit neu bewilligt wird.

Abs. 2. Die Tilgungsbeiträge sind in halbjährlichen Teilzahlungen und zugleich mit den Zinsen zu zahlen. In der Schuldurkunde ist für diese Tilgungsbeiträge und alle Kosten einschließlich der Kündigung und Einlösung der Pfandbriefe nebst Zinsscheinen Hypothek zu bestellen. Pfandbriefsdarlehen bis zur Hälfte des Gutswerts unterliegen keiner Tilgungspflicht.

Abs. 3. Die zu entrichtenden Tilgungsbeiträge sind für jedes Gut auf einem besonderen Tilgungskonto, unverkürzt durch Verwaltungskosten, jedoch unter Berücksichtigung des darauf zu verrechnenden Kursausgleichungszuschusses und Quittungsgroschens, als auf die Pfandbriefsschuld abgezahlt, gutzuschreiben.

Abs. 4. Der Bestand des Tilgungskontos wird in seinem Gesamtbetrage jährlich zweimal, soweit dies unter Berücksichtigung des niedrigsten Pfandbriefsstückes möglich ist, in Pfandbriefen zinsbar belegt, und zwar für jede Sorte gleich verzinslicher Pfandbriefe für sich allein.

Abs. 5. Diese Pfandbriefe sind nach dem Tageskurse anzukaufen. Von ihrem Rechte, Pfandbriefe zu kündigen, darf die Landschaft für den Tilgungsfonds nur dann Gebrauch machen, wenn der Kurs der Pfandbriefe sich über 102 hält, und sollen in diesem Falle die für den Tilgungsfonds ausgelosten Pfandbriefe mit 2 vom Hundert Tilgungsentschädigung, also mit 102, eingelöst werden.

Abs. 6. Die so beschafften Pfandbriefe werden, in ihrem Gesamtbetrage nach dem Nennwerte ausgedrückt, nach Verhältnis der dazu verwendeten Tilgungsbeiträge der einzelnen Güter auf letztere verteilt.

Abs. 7. Sobald hierdurch 5% des Pfandbriefsdarlehens in Pfandbriefen nach dem Nennwerte abgetragen sind, ist der Besitzer berechtigt, Löschung oder Abtretung des abgezahlten Teiles des Kapitals unter Kassation des angesammelten Betrages von Pfandbriefen zu fordern, und ist, sobald dieses erfolgt ist, von weiterer Zahlung der Zinsen sowohl wie der Tilgungsbeiträge bezüglich dieses abgezahlten Teiles des Anlehens entbunden. Sind diese 5 % ohne Hinzurechnung freiwilliger Zuzahlungen im Tilgungsfonds vorhanden, so ist der Besitzer berechtigt, von neuem ein Darlehen in Höhe des getilgten Teiles nachzusuchen. Die Neubeleihung setzt voraus, daß durch eine vom Landschaftsrat an Ort und Stelle ausgeführte Taxnachprüfung und ein Gutachten desselben festgestellt ist, daß der wirtschaftliche Zustand des Gutes nicht schlechter ist, als zur Zeit der Taxe. Auch darf sie, wenn ein Zuschußdarlehen oder ein Kursausgleichungszuschuß oder ein Beleihungskostenvorschuß gewährt ist, nur nach deren vollständiger Erstattung erfolgen. In Höhe des neu bewilligten Darlehens werden durch die General-Landschaftsdirektion Pfandbriefe aus dem Tilgungsfonds entnommen und ausgereicht, nachdem darüber nach § 127 Hypothek bestellt ist.

Abs. 8. Bei Beitreibung rückständiger Tilgungsbeiträge stehen der Landschaft dieselben Privilegien zur Seite, wie bezüglich rückständiger Pfandbriefszinsen, auch ist sie verpflichtet, die ausbleibenden Tilgungsbeiträge in derselben Weise vorzuschießen wie die Zinsen.

Abs. 9. Die Landschaft ist, falls der Schuldner — ohne besondere Unglücksfälle nachweisen zu können — länger als ein halbes Jahr mit der Zahlung der Tilgungsbeiträge im Rückstande bleibt, zur Kündigung des Pfandbriefsdarlehens berechtigt.

Abs. 10. Das Guthaben eines jeden Gutsbesitzers am Tilgungsfonds ist untrennbares Zubehör des Gutes, welches mit diesem auf jeden neuen Erwerber übergeht und ohne das Gut weder abgetreten noch sonst Gegenstand einer Verfügung des Gutsbesitzers werden kann. Ebensowenig kann jener Anteil aus irgendeinem Titel von einem Dritten, auch nicht im Wege der Zwangsvollstreckung, in Anspruch genommen werden. Hierdurch wird das dem Besitzer nach § 5 zu I, 2 des Statuts der Bank der Ostpreußischen Landschaft zustehende Verfügungsrecht nicht beeinträchtigt.

Abs. 11. Jeder Ausfall, welchen ein Pfandbriefsdarlehen bei der Zwangsversteigerung eines Gutes erleidet, wird zunächst aus dem Guthaben am Tilgungsfonds gedeckt.

Abs. 12. Wenn das Gut zur Zwangsversteigerung gestellt ist, wird das Guthaben am Tilgungsfonds, soweit es nicht die Landschaft zu ihrer Befriedigung in Anspruch nimmt, auf die Pfandbriefsschuld verrechnet oder zum Versteigerungserlöse ausgeschüttet.

§ 178c. Abs. 1. Dem Besitzer kann von der General-Landschaftsdirektion gestattet werden, mit dem Guthaben seines Gutes am freiwilligen und am Zwangs-Tilgungsfonds eine von der Landschaft geforderte Kaution zu bestellen.

Abs. 2. In diesem Falle wird das Guthaben des betreffenden Gutes durch Eintragung eines entsprechenden Vermerkes auf dem Konto desselben in Höhe der Kaution gegen anderweitige Verfügung des Besitzers gesperrt.

2\. Der General-Landschafts-Direktor.

Königsberg i. Pr., den 6. Dezember 1906.

An
die General-Direktion der
Ostpreußischen Landschaft
in Königsberg i. Pr.

Betrifft Entschuldung land- oder forstwirtschaftlich genutzter Grundstücke.

I. Notwendigkeit des inneren Ausbaues der Landwirtschaft im Wege der Selbsthilfe nach Inkrafttreten der neuen Handelsverträge.

Durch den Zolltarif vom 25. Dezember 1902 in Verbindung mit den im Jahre 1906 in Kraft getretenen Handelsverträgen ist eine neue wirtschaftliche Grundlage für eine gedeihliche Entwicklung des landwirtschaftlichen Gewerbes erreicht worden. Soll aber das Errungene voll nutzbar gemacht werden, so gilt es während des Laufes der neuen Handelsvertragsperiode an die Lösung der ungleich schwierigeren Aufgabe heranzutreten und für eine bessere Zukunft des wichtigsten Zweiges unseres heimischen Erwerbslebens durch seinen inneren Ausbau im Wege der Selbsthilfe und entsprechender unterstützender Maßnahmen des Staates zielbewußt Sorge zu tragen.

Denn es wäre ein Irrtum, wollte man glauben, daß mit einem erhöhten Agrarschutz das Wohlergehen der Landwirtschaft dauernd gesichert sei. Die inneren Gründe der hinter uns liegenden Agrarkrisis, deren Erschütterungen in unserem Gewerbe noch nachzittern, sind keineswegs beseitigt. Sie bestehen nach wie vor in voller Stärke, ihre Wirkungen sind nur durch die neue Zollgesetzgebung wenigstens vorläufig paralysiert. Wird aber die der Landwirtschaft durch die neue Handelsvertragsperiode vergönnte Zeit zur Sammlung ihrer Kräfte ungenutzt vorübergelassen, tun nicht alle Stellen, denen die Fürsorge für die Landwirtschaft obliegt, ihre Pflicht, so steht zu befürchten, daß der Notstand des letzten Menschenalters sich mit doppelter Schwere erneuert. Ein Rückblick auf die jüngst hinter uns liegende Agrarkrisis, ihre Ursachen und ihren Verlauf wird die Richtigkeit dieser Auffassung bestätigen.

1. Hohe Produktionskosten und niedrige Preise als Ursachen der letzten Agrarkrisis.

Schon in der Begründung zur Zolltarifs-Novelle vom 24. Mai 1885 durfte mit Recht darauf hingewiesen werden, daß die damaligen Preise der landwirtschaftlichen Produkte einen Stand erreicht hatten, welcher den auf diese Produkte gemachten Aufwendungen an Kapital und Arbeit nicht entsprach. Zwar hatten sich dank der großen technischen und wissenschaftlichen Errungenschaften unserer Zeit gerade auf dem Gebiete des Landbaues die Roherträge der hauptsächlichsten Körner- und Hackfrüchte in den letzten Jahrzehnten ganz außerordentlich vermehrt. Pflanzenzüchtung, Sortenwahl, Kultur und Düngung hatten an diesem Ergebnisse gleichen Anteil. Mit dieser Entwicklung Schritt haltend, hatte sich indes der Wirtschaftsaufwand derart gesteigert, daß trotz der außerordentlich starken Zunahme des Rohertrages bei den niedrigen Getreidepreisen die Erzielung eines Reinertrages unter gewöhnlichen Verhältnissen ausgeschlossen war. Ungeachtet der Überweisung der Grund- und Gebäudesteuer hatten die auf der preußischen Landwirtschaft ruhenden öffentlichen Lasten im letzten Menschenalter mit Durchführung der Selbstverwaltung und der sozialpolitischen Gesetzgebung, durch die fortgesetzt im Steigen begriffenen Kirchen-, Schul- und Armenlasten eine Höhe erreicht, die mit abnehmender Leistungsfähigkeit progressiv gewachsen war. Die Löhne waren unverhältnismäßig gestiegen, sie hatten sich schon in den letzten 25 Jahren des vorigen Jahrhunderts in den einzelnen Landesteilen um 100 bis 150 %, im Osten aber am bedeutendsten erhöht. Der von Jahr zu Jahr sich schärfer geltend machende Arbeitermangel hatte fast zu einer Unterbindung des Betriebes geführt. Zu alledem kam noch die mit der sinkenden Rentabilität des landwirtschaftlichen Gewerbes eng zusammenhängende Überschuldung des Grund und Bodens.

Dieses beklagenswerte Mißverhältnis zwischen Erzeugungskosten und Preisen entsprach dem Zwange wirtschaftlicher Vorgänge. Es wurde im wesentlichen hervorgerufen durch den Umstand, daß dem deutschen Landwirte die Preise für das wichtigste Erzeugnis des Landbaues, das Getreide, vom Auslande durch den Weltmarktpreis diktiert wurde, während er seinerseits nicht in der Lage war, die ihm erwachsenen Produktionskosten durch eine angemessene Preisstellung wieder einzuziehen.

Vordem war in der Hauptsache das eigene abgeschlossene Wirtschaftsgebiet Deutschlands und dessen Ernteausfall für die Preisbildung maßgebend. Als dann mit der fortschreitenden Zunahme der Verkehrsbeziehungen noch andere Getreide bauende Länder Europas auf dem Markt erschienen, war England der sichere Abnehmer für die Getreideproduktion der europäischen Kontinentalstaaten. Nach der Höhe ihrer Produktionskosten bestimmten sie auch die Höhe der Getreidepreise. Diese Grundlage des deutschen Getreidehandels wurde indes durch die staunenswerte Entwicklung der den Unterschied von Zeit und Raum immer mehr vermindernden modernen Verkehrsmittel und der mit ihr Schritt haltenden Verbilligung ihrer Benutzung endgültig beseitigt. Durch diese Entwicklung erhielt überseeisches Getreide für den europäischen Markt Verkehrswert, und dadurch wieder empfingen die neu erschlossenen Produktionsgebiete den sich stetig erneuernden Anreiz zur Vermehrung ihrer Getreideerzeugung durch Ausdehnung der Anbauflächen. Die geringen Produktionskosten, bedingt durch niedrige Bodenpreise, mäßige Arbeitslöhne, billige Bestellung und dgl. mehr sicherten hierbei von vornherein den Getreideausfuhrländern einen gewaltigen Vorsprung. Seit etwa Anfang der siebziger Jahre hatte infolgedessen das Ausland die Preisbestimmung für Getreide von Jahr zu Jahr mehr an sich gerissen und bedrohte dadurch die alten Kulturstaaten des europäischen Festlandes in stetig wachsendem Maße mit dem Ruin ihrer Landwirtschaft. Ein überseeisches Land nach dem anderen überflutete den europäischen Markt mit landwirtschaftlichen Erzeugnissen. Die billigen Seefrachten und die gewaltige Ermäßigung, die sie seit den siebziger Jahren des vorigen Jahrhunderts erfahren hatten, übten in diesem Konkurrenzkampf einen entscheidenden Einfluß aus. Hand in Hand mit ihrem Sinken hatten die Eisenbahntarife in den Getreide exportierenden Ländern wie Rußland, Vereinigte Staaten von Amerika, Argentinien, eine sehr bedeutende Ermäßigung erfahren, wodurch die Konkurrenzfähigkeit ausländischen Getreides noch wesentlich erhöht wurde.

Was bisher speziell von Getreide gesagt ist, galt analog auch für andere landwirtschaftliche Produkte, welche wie die übrigen Körnerfrüchte und einzelne Erzeugnisse der Tierzucht dem übermächtigen, jede selbständige Preisbestimmung ausschließenden Angebot des Auslandes unterlagen. Es sei hier nur an die Konkurrenz der überseeischen Wolle und an ihre vernichtende Wirkung auf die deutsche Schafhaltung erinnert. Auch hier lag dasselbe Mißverhältnis vor: Preise und Produktionskosten wurden ohne Wechselwirkung unabhängig voneinander durch gänzlich verschiedene Faktoren bestimmt.

2. Hebung des Inlandpreises durch Einschaltung eines angemessenen Schutzzolles als Vorbedingung einer von der Landwirtschaft zu übenden Selbsthilfe.

Als wirksamstes Mittel, um zwischen Weltmarkt und Indlandpreis einen Ausgleich herbeizuführen und der Landwirtschaft die Deckung ihrer Produktionskosten zu ermöglichen, bot sich der Ausweg, durch entsprechend hohe Schutzzölle einen die Bildung des Inlandpreises beeinflussenden neuen Faktor einzuschalten. Wenn auch dieses Mittel, wie die Preisbewegung unseres Getreides seit 1879 lehrt, keine Gewähr für absolut hohe Preise bietet, so sichert es wenigstens relativ hohe Inlandpreise, d. h. Preise, die, besonders seit Fortfall des Identitätsnachweises, etwa genau um den Betrag des Zolles höher sind, als der Weltmarktpreis. Die schwere Krisis, mit der die Landwirtschaft schon damals zu kämpfen hatte, hätte daher eine ernste Mahnung sein sollen, die landwirtschaftlichen Zölle bei Abschluß der Caprivischen Handelsverträge nicht herabzusetzen. Trotzdem wurde eine weitgehende Ermäßigung dieser Zölle gutgeheißen, so daß die Lebensbedingungen der deutschen Landwirtschaft auf das äußerste gefährdet wurden.

Umfang und Schwere der Agrarkrisis begründeten daher für die Regierung die ernste Pflicht, bei der seit Beginn des neuen Jahrhunderts stattgefundenen Neuordnung unserer handelspolitischen Beziehungen zum Auslande, die Bahnen, welche die Zollpolitik des Grafen Caprivi seit 1892 für die landwirtschaftlichen Zölle verfolgt hatte, zu verlassen und den Erzeugnissen der heimischen Landwirtschaft einen ihren Interessen besser entsprechenden Zollschutz wieder zuzuwenden. Hatten die abgelaufenen Handelsverträge die landwirtschaftlichen Zölle im allgemeinen als Kompensationsobjekte verwertet, um vom Auslande Konzessionen zugunsten unserer Exportindustrie und der Erweiterung ihrer Absatzgebiete zu erlangen, so schlug die Handelspolitik des Fürsten Bülow eine grundsätzlich hiervon abweichende Richtung ein, indem sie einen erhöhten Agrarschutz als vornehmstes

Ziel bei Neuordnung unserer handelspolitischen Verhältnisse verfolgte und zur Durchführung brachte.

3. Pflicht der Landwirtschaft zur Selbsthilfe nach Gewährung eines erhöhten Agrarschutzes durch die Regierung.

Damit hat die Regierung ihre Schuldigkeit zunächst getan. Sache der Landwirtschaft und ihrer Vertretungsorgane ist es nunmehr, den ihr zufallenden Teil der Arbeit in Angriff zu nehmen. Zwar ist durch die Einschaltung angemessener Agrarzölle die Lage der Landwirtschaft fürs erste erträglicher geworden, und vor allem ist das Mißverhältnis zwischen dem niedrigen Preisangebot des Weltmarktes und den hohen Produktionskosten der heimischen Landwirtschaft merklich gemildert worden. Aber ein Ende des die deutsche Landwirtschaft aufreibenden Konkurrenzkampfes ist wenigstens in absehbarer Zeit nicht zu erwarten. Täglich können neue Konkurrenten auf dem Markt erscheinen und neue Überraschungen und Preisumwälzungen herbeiführen. In denjenigen Faktoren, welche das Sinken des Weltmarktpreises für landwirtschaftliche Erzeugnisse bedingen, ist bisher ebensowenig eine Abschwächung wie ein Beharrungszustand eingetreten. Auf zunächst noch unabsehbare Zeit können sich vielmehr, insbesondere für Getreide, von Jahr zu Jahr neue Zufuhradern eröffnen, die zum gewaltigen Strome sich vereinigend den Weltmarkt bis zur Übersättigung mit Brotfrucht speisen und dadurch den Preisstand, ungeachtet vorübergehender Aufwärtsbewegungen, in stetiger Abnahme immer tiefer herabdrücken. Und auf der andern Seite wie bisher: Ein fortgesetztes Steigen der inländischen Produktionskosten, einmal hervorgerufen durch den immer unerträglicher werdenden Arbeitermangel auf dem platten Lande und in Verbindung damit durch ein an sich und in diesem Umfange wenigstens nicht gerechtfertigtes Emporschnellen der Löhne, sodann aber bedingt durch das stetige Wachsen der öffentlichen Lasten sowie durch die erhöhten Zinsenlasten infolge einer volkswirtschaftlich recht bedenklichen Steigerung der Güterpreise.

4. Pflicht insbesondere der Landschaft zur Organisation der Selbsthilfe.

Angesichts dieser Sachlage ergibt sich gerade für die Landschaft als die mächtigste und leistungsfähigste landwirtschaftliche Kreditorganisation und vermöge ihres ausgesprochen genossenschaftlichen Charakters die ernste Pflicht, die von der Landwirtschaft zu übende Selbsthilfe zu organisieren. Damit eröffnet sich ihr ein neues weites Feld der Betätigung. Die Landschaft darf sich fortan nicht mehr darauf beschränken, ausschließlich ein Pfandbriefsinstitut zu sein, das, altgewohnter Übung folgend, Güter mehr oder weniger zutreffend taxiert, Pfandbriefe ausgibt und eingezogene vernichtet. Auf der festen Kreditunterlage fußend, auf die Friedrich der Große seine Schöpfung gestellt hat, muß auch die Ostpreußische Landschaft, mit der Zeit und ihren wirtschaftlichen Bedürfnissen fortschreitend, innerhalb der Grenzen, wie sie durch ihren Gründungszweck gegeben wird, selbstbestimmend und als Glied des Ganzen sich fühlend, in allmählicher Entwicklung an die Lösung auch anderer Aufgaben herantreten, die unmittelbar oder mittelbar „die Verbesserung und Erhaltung eines dauerhaften Kredits der ostpreußischen Gutsbesitzer" (§ 1 der Landschafts-Ordnung) bezwecken.

II. Die Entschuldung des landwirtschaftlich genutzten Grundbesitzes als nächste und dringendste Aufgabe der von der Landschaft zu übenden Selbsthilfe.

Unter diesen Aufgaben ist es eine, die als die nächste und dringendste der Lösung harrt, schon deshalb, weil sie auf das Engste zusammenhängt mit der schweren Krisis, der die deutsche Landwirtschaft im letzten Menschenalter ausgesetzt gewesen ist. Mit seiner sinkenden Rentabilität ging die wachsende Überschuldung des Grundbesitzes Hand in Hand. Diese unheilvolle, volkswirtschaftlich und sozialpolitisch gleich bedenkliche Begleiterscheinung nach Möglichkeit zu beseitigen, wird es in erster Linie gerade jetzt ankommen, wo bessere Zeiten dem Landwirt den Lohn seiner Arbeit wieder verheißen, wo Selbstvertrauen und Unternehmungslust wieder einkehren, und damit die nächsten Voraussetzungen für eine Betätigung der Selbsthilfe gegeben sind.

Der unterzeichnete General-Landschaftsdirektor beehrt sich daher, die Entschuldungsvorlage der Generaldirektion mit der Bitte zu unterbreiten:

> Die General-Landschaftsdirektion wolle die Vorlage gutheißen und sie dem auf den 17. Dezember 1906 einberufenen Plenar-Kollegium, sowie demnächst dem im Februar oder März 1907 zusammentretenden 47. ordentlichen Generallandtag zur Annahme empfehlen.

1. Ersetzung der teueren und kündbaren Privathypotheken durch billigen und unkündbaren landschaftlichen Kredit als Entschuldungsmittel.

Die Vorlage will zum Zwecke der Entschuldung die auf dem landwirtschaftlich genutzten Grundbesitz haftenden teueren und kündbaren Privathypotheken durch billige, unkündbare Landschaftsdarlehen tunlichst ersetzen. Dieses Ziel soll erreicht werden durch Gewährung eines erweiterten landschaftlichen Kredits, der aber nur in dem Falle und unter der Bedingung bewilligt werden darf, daß unter Mitwirkung der Assoziierten nicht nur eine erneute Belastung des Gutes mit Privathypotheken zuverlässig und dauernd verhindert wird, sondern auch die nach Aufnahme des erweiterten landschaftlichen Kredits noch verbleibenden Nachhypotheken sowie demnächst das Pfandbriefsdarlehen selbst bis zur Hälfte des Taxwerts durch Zahlung von Tilgungsbeiträgen fortgesetzt abgelöst werden.

Erst wenn der Assoziierte sich verpflichtet, diese beiden Voraussetzungen zu erfüllen, ist für die Landschaft die Möglichkeit gegeben, zum Zwecke der Entschuldung in eine Erweiterung des landschaftlichen Kredits zu willigen durch:

1. Zulassung günstigerer Abschätzungs-Grundsätze;
2. Beleihung des fünften Sechstels der landschaftlichen Taxe;
3. Gewährung von landschaftlichen Meliorationskrediten.

Auf der einen Seite stellt also die Vorlage den Assoziierten eine Reihe von Vorteilen in Aussicht, erlegt ihnen aber andererseits, wenn sie deren teilhaftig werden wollen, auch die Übernahme gewisser Verpflichtungen auf. Ob der Assoziierte sich hierzu verstehen will, hängt von seinem freien Ermessen ab. Entscheidet er sich gegen die Übernahme, so kann er zwar auch in Zukunft nach Maßgabe der zurzeit in Kraft stehenden und auch weiterhin aufrecht zu erhaltenden Bestimmungen Pfandbriefsdarlehen von neuem aufnehmen und über sein Tilgungsguthaben verfügen wie bisher. Die Vorteile einer Neubeleihung nach den für sie günstigeren Abschätzungs-Grundsätzen, die Beleihung des fünften Sechstels und die Gewährung von landschaftlichen Meliorationskrediten bleibt ihm aber in diesem Falle versagt. An den bisherigen Rechten des Assoziierten wird also durch die Vorlage nichts geändert. In einem Punkt gewinnt sogar der Besitzer, der sich gegen die Übernahme der aus der Vorlage sich ergebenden Verpflichtungen entscheidet, gleichwohl größere Rechte wie bisher. Er soll nämlich, wenn es ihm nach seinen Verhältnissen angezeigt erscheint, befugt sein, durch Abschluß eines Lebensversicherungsvertrages nach Maßgabe des Abschnitts IV § 8 der Vorlage für die wirtschaftliche Sicherstellung seiner Familie und mittelbar auch für die Entschuldung seines Gutes Sorge zu tragen, ohne verpflichtet zu sein, neben den Lebensversicherungsprämien noch Tilgungsbeiträge zu zahlen. Es wird also in Zukunft drei Arten von beliehenen Gütern geben:

1. solche, die nach den allgemeinen Bestimmungen der Landschafts-Ordnung beliehen sind und die bisherigen Rechte haben und behalten;

2. solche, die ebenso zu beurteilen sind wie die Güter zu 1, aber wegen Abschluß eines Lebensversicherungsvertrages durch den Besitzer von Zahlung der Tilgungsbeiträge befreit sind;
3. solche, für die ein erweiterter landschaftlicher Kredit bewilligt werden kann, nachdem der Besitzer sich der Verschuldungsgrenze und der Schuldentilgungspflicht unterworfen hat.

2. Die nach dem Gesetz vom 20. August 1906 zulässige Eintragung der Verschuldungsgrenze als erste Voraussetzung für die Gewährung eines erweiterten landschaftlichen Kredits.

Nach Lage der Gesetzgebung bietet sich keine Möglichkeit, die hypothekarische Belastung eines Grundstücks über eine bestimmt gezogene Grenze hinaus im Wege einer vertraglichen Abmachung zwischen der Landschaft und dem Grundstückseigentümer auszuschließen. Diese Wirkung entsteht aber kraft Gesetzes, sobald der Eigentümer eines land- oder forstwirtschaftlich genutzten Grundstückes auf Grund des Gesetzes vom 20. August 1906 (GS. S. 389) eine Verschuldungsgrenze im Grundbuche eintragen läßt. Eine solche Eintragung enthält das Verbot der weiteren Belastung eines Grundstücks und verhindert dadurch eine Wiederkehr der Überschuldung. Die Verschuldungsgrenze deckt sich mit der Beleihungsgrenze, die nach der Verfassung der Landschaft zulässig ist, falls die Landschaft für ihren Verwaltungsbezirk durch Königliche Verordnung als die zur Vornahme von Entschuldungsmaßregeln zuständige öffentliche Kreditanstalt erklärt wird. Daß dies für Ostpreußen geschehen wird, unterliegt wohl keinem Zweifel. Der Umstand, daß das Grundstück bereits über die Verschuldungsgrenze hinaus belastet ist, steht ihrer Eintragung nicht im Wege. Auf die Abstoßung dieser Überlastungen kommt es bei der Ausführung des Entschuldungsverfahrens gerade an. Sie bleiben so lange bestehen, bis sie abgezahlt sind. Die Eintragung hat auch in diesem Falle die Wirkung, daß, nachdem sie erst getilgt sind, an ihrer Stelle keine neuen Nachhypotheken wieder eingetragen werden dürfen. Im übrigen ist nach dem Gesetz vom 20. August 1906 die Eintragung der Verschuldungsgrenze fakultativ und hängt vom Belieben des Besitzers ab.

In Übereinstimmung mit dem Gesetze beläßt es auch die Vorlage bei der ins Ermessen des Gutseigentümers gestellten Eintragung der Verschuldungsgrenze. Sie allgemein als Voraussetzung für jede künftige landschaftliche Beleihung zu fordern, würde einen zu weitgehenden Eingriff in das Bestimmungsrecht des einzelnen bedeuten. Die wirtschaftlichen Verhältnisse der Assoziierten sind zu verschiedenartig, als daß eine einheitliche Regelung am Platze erscheinen könnte. Nur der einzelne Besitzer vermag zutreffend zu beurteilen, was für seine Verhältnisse am besten paßt.

Die Einhaltung und Eintragung der Verschuldungsgrenze ist Voraussetzung des erweiterten Kredits. Diese Voraussetzung fällt fort, wenn die Überschreitung oder Löschung der Verschuldungsgrenze im Grundbuche von dem nach dem Gesetz vom 20. August 1906 bestellten

Königlichen Kommissar genehmigt wird, worüber er die Landschaft anzuhören hat, ohne aber an deren Ansicht gebunden zu sein. Wird die Überschreitung der Verschuldungsgrenze genehmigt, so muß die Direktion prüfen, ob und inwieweit dadurch die Sicherheit des landschaftlichen Kredits geschmälert, und die von ihr bezweckte dauernde Entlastung des Gutes in Frage gestellt wird. Ist dies der Fall, so kündigt sie einen angemessenen Teil des Pfandbriefsdarlehens. Wird die Verschuldungsgrenze im Grundbuche gelöscht, so fällt damit für den über $^2/_3$ des Taxwerts hinaus gegebenen Kredit die notwendige Voraussetzung fort. Daraus folgt, daß dieser Kredit wieder zurückzuzahlen ist. Ferner muß die Direktion das Recht haben, wenn dieser Kredit auf Grund einer Taxe bewilligt ist, bei deren Aufnahme die jetzt zugelassenen höheren Taxwerte angewendet sind, eine teilweise Rückforderung auch des innerhalb $^2/_3$ gegebenen Kredits auszusprechen. Dabei wird es von ihrem Befinden abhängen, ob für die Bemessung des innerhalb $^2/_3$ zu belassenden Darlehensteils die Vornahme einer neuen Taxe oder einer Taxnachprüfung erforderlich ist.

3. Die Schuldentilgungspflicht als weitere Voraussetzung für die Gewährung eines erweiterten landschaftlichen Kredits.

Die Vornahme von Entschuldungsmaßregeln seitens der Landschaft muß aber neben der Eintragung der Verschuldungsgrenze auch davon abhängig gemacht werden, daß der Besitzer durch eigene Tätigkeit zur Entschuldung seines Gutes beiträgt, indem er sich verpflichtet, durch regelmäßige ununterbrochene Tilgungsbeiträge seine Nachhypotheken allmählich abzustoßen.

Nach der für das Gut zu übernehmenden Schuldentilgungspflicht ist jeder Pfandbriefsschuldner gehalten, jährlich $^1/_2$% des innerhalb $^2/_3$ des Taxwerts liegenden Pfandbriefsdarlehens und 2% von dem darüber gegebenen Pfandbriefsdarlehen zum Tilgungsfonds zu entrichten. Derartige Tilgungsbeiträge stellen sich daher gleichsam als eine Abgabe dar, die vom Besitzer nach dem Maßstab seines Pfandbriefsdarlehens ausschließlich zum Zwecke der Schuldenabzahlung erhoben wird. Vorweg sollen die hinter der Verschuldungsgrenze stehenden teuren und kündbaren Privathypotheken abgestoßen werden, wobei zweckmäßig mit der Beseitigung derjenigen Schulden zu beginnen sein wird, die wegen der Höhe ihrer Zinsenlast und wegen des in ihrer Kündbarkeit liegenden Moments der Unsicherheit für den Besitzer am drückendsten sind. Sind die Nachhypotheken sämtlich abgezahlt, so wird das Pfandbriefsdarlehen selbst bis zur Hälfte des Taxwerts getilgt. Erst dann hört die Verpflichtung zur Zahlung von Schuldentilgungsbeiträgen auf.

Voraussetzung für die Verwendung des Tilgungsguthabens ist es, daß mindestens ein Betrag von 5% des Pfandbriefsdarlehens im Tilgungsfonds angesammelt ist, um nicht eine zu häufige Unterbrechung der Tilgung wegen geringfügiger Beträge gewärtigen zu müssen.

Die Verwendung des Tilgungsguthabens ist also, wenn nach dem Pfandbriefsdarlehen noch Hypotheken oder Grundschulden im Grundbuche eingetragen sind, nur zur Abstoßung dieser Realforderungen zulässig. Sie setzt in diesem Fall die Aufnahme eines neuen Pfandbriefsdarlehens an Stelle des im Tilgungsfonds angesammelten Betrages voraus. Diese wiederum erfordert die Feststellung der Direktion, daß der wirtschaftliche Zustand des Gutes nicht schlechter ist, als zur Zeit der Taxe. Für diese Feststellung ist die Vornahme einer Taxnachprüfung an Ort und Stelle nicht mehr wie bisher obligatorisch. Es hängt vielmehr von dem Ermessen der Direktion ab, ob sie im einzelnen Fall gefordert wird oder nicht. Außerdem muß aber der Besitzer durch Einreichung seines Löschungsantrages, der Löschungsbewilligung des Gläubigers und des etwa vorhandenen Hypotheken- oder Grundschuldbriefes die Direktion in die Lage setzen, die Löschung der abzulösenden Post im Grundbuch zu veranlassen. Handelt der Besitzer der ihm auferlegten Verpflichtung entgegen, oder führt er nicht den Verwendungsnachweis, oder erfüllt er sonst nicht die ihm auferlegten Bedingungen, so kann die Direktion nicht nur das neue Darlehen, sondern auch das übrige Pfandbriefsdarlehen ganz oder teilweise mit dreimonatlicher Frist zurückfordern.

Sind nach dem Pfandbriefsdarlehen keine Hypotheken oder Grundschulden im Grundbuche eingetragen, so kann der Besitzer die Verwendung des Tilgungsguthabens zur Löschung eines entsprechenden Teils des Pfandbriefsdarlehens verlangen. In diesem Fall wird das Tilgungsguthaben unter Kassation der angesammelten Pfandbriefe auf das Pfandbriefsdarlehen verrechnet und dadurch der Besitzer hinsichtlich des abgezahlten Pfandbriefsbetrages von weiterer Zahlung der Zinsen und Tilgungsbeiträge befreit.

Ist das Gut nur bis zur Hälfte beliehen, oder der darüber gegebene Teil des Pfandbriefsdarlehens im Tilgungsfonds angesammelt, so kann der Besitzer sich von Zahlung der Tilgungsbeiträge befreien, wenn er nachweist, daß keine Nachhypotheken im Grundbuch eingetragen sind. Auch wird in diesem Fall der Besitzer von Zahlung der Zinsen bezüglich des im Tilgungsfonds vorhandenen Pfandbriefsbetrages befreit. Diese Befreiung dauert so lange, als ihre Voraussetzung vorliegt.

Eine Verpfändung des Tilgungsguthabens bei der Bank zur Einrichtung eines Kontokorrentkredits ist nicht zulässig, weil es damit dem Zwecke der Entschuldung entzogen würde. Im übrigen finden die allgemeinen Bestimmungen über die landschaftliche Tilgung Anwendung.

Die Amortisation gewinnt also gegen früher eine wesentlich andere Bedeutung. Bisher sollte sie allein der Abzahlung des Pfandbriefsdarlehens dienen. Sie ist allerdings im Laufe der Zeit mehr und mehr in eine Scheintilgung ausgeartet. Wenn auch die Bestimmungen über die Abhebbarkeit des Tilgungsguthabens von der Ostpreußischen Landschaft vor einigen Jahren verschärft worden sind, so ist hierdurch an der Gewöhnung des Pfandbriefsschuldners, den auf ihn entfallenden Teil des

Amortisationsfonds als Sparguthaben zu betrachten, auf dessen Abhebung und beliebige Verwendung er ein gutes Recht hat, im wesentlichen nichts geändert worden. Der Verbreitung dieser Auffassung kam der Umstand zu Hilfe, daß es vom Standpunkt des Assoziierten die Pfandbriefsschuld auch eigentlich gar nicht ist, an deren Ablösung ihm liegt. Der Pfandbriefsschuldner für seine Person hat kein Interesse daran, daß das billige unkündbare landschaftliche Darlehen getilgt wird. Nicht eine Kürzung, sondern im Gegenteil eine möglichst hohe Ausnützung des landschaftlichen Kredits entspricht naturgemäß seinen Wünschen. Daher auch sein Bestreben, durch Abhebung des Amortisationsguthabens von diesem Kredit so schnell wie möglich in vollem Umfange wieder Gebrauch zu machen. Die Anerkennung dieses Anspruchs sieht er als eine selbstverständliche Pflicht der Landschaft an. Demgegenüber ist das Bewußtsein für die der Gesamtheit der Assoziierten obliegende Pflicht, im Interesse der Kreditwürdigkeit der Landschaft auf eine planmäßige Ansammlung eines möglichst großen Amortisationsfonds zur Sicherung ihrer Gläubiger Bedacht zu nehmen, so ziemlich eingeschlafen. Der niedrige Zinsfuß des letzten Vierteljahrhunderts und der hierdurch bedingte, relativ günstige, durchschnittliche Kursstand von Staatsanleihen, Pfandbriefen und ähnlichen Anlagewerten mag hierauf nicht ohne Einfluß gewesen sein. Einschneidende Änderungen auf unserem Geldmarkt könnten aber auch einmal unerwartete Überraschungen hervorrufen, auf die vorbereitet zu sein, man immerhin besser tut.

4. Die erhöhte Kreditsicherheit der Güter, die sich der Verschuldungsgrenze und der Schuldentilgungspflicht unterworfen haben, gestattet eine Erweiterung des landschaftlichen Kredits.

Aus der Unterwerfung eines Gutes unter die Verschuldungsgrenze und die Schuldentilgungspflicht erwächst ihm eine dauernde Besserung seiner Gesamtbelastung und eine Erhöhung seiner Rentabilität und Kreditwürdigkeit. Die gesetzlich zulässige Eintragung der Verschuldungsgrenze bietet als Schutzmittel gegen beliebige Weiterverschuldung die Gewähr dafür, daß nicht die Substanz des Gutes über den bei ordnungsmäßiger Wirtschaftsweise zu erzielenden Reinertrag hinaus für die Realgläubiger in Anspruch genommen wird. Die Verschuldungsgrenze ist aber zugleich die Voraussetzung einer nachhaltig wirkenden Tilgung, und diese wiederum hebt die in einer Ausdehnung des Kredits etwa liegende Gefahr auf, und zwar um so unmittelbarer und schneller, je stärker sie ist, und je weniger sie einer Unterbrechung ausgesetzt ist. Es darf daher gesagt werden, daß Güter, die sich der Verschuldungsgrenze und der Schuldentilgungspflicht unterworfen haben, der Landschaft besondere Sicherheit bieten. Die Gefahren eines unwirtschaftlichen Betriebes, die eine Überschuldung stets mit sich bringt, sind bei ihnen in viel geringerem Maße vorhanden, wie bei anderen Gütern. Es ist deshalb hier weniger zu befürchten, daß ein Gut devastiert wird und nach eingetretenem Verfall im Wege der Zwangsversteigerung in die Hände der Landschaft kommt. Bei Gütern, deren Verschuldung unbeschränkt ist, steht jeder

Erhöhung der Taxwertsätze das Bedenken entgegen, daß die dadurch bewirkte Erhöhung des landschaftlichen Taxwertes nicht nur die landschaftliche Beleihung, sondern auch den nachfolgenden Privatkredit vermehrt und so einer weiteren Verschuldung Vorschub leistet. Dies Bedenken fällt bei Gütern fort, bei denen die Verschuldungsgrenze eingetragen ist. Ermäßigen sich die Gesamtjahresleistungen eines Gutes durch fortgesetzte Schuldentilgung und werden dadurch die drückenden Wirkungen einer unwirtschaftlichen Verschuldung in stetig fortschreitendem Maße gemildert, so kommt dies auch dem Eingang der Zinsen und Nebenleistungen eines in angemessenen Grenzen erhöhten landschaftlichen Kredits zugute. Aus diesen Erwägungen darf die Landschaft auch damit einverstanden sein, daß mit den Tilgungsbeiträgen zunächst nicht ihr eigenes Pfandbriefsdarlehen, sondern Nachhypotheken Dritter getilgt werden. Selbstverständlich muß die Erhöhung des landschaftlichen Kredits zu dem Vorteil, der sich aus der Ablösung von Privatkapitalien ergibt, im richtigen Verhältnis stehen. Mit fortschreitender Schuldentilgung nimmt übrigens die Kreditstärkung der Landschaft von Jahr zu Jahr an Kraft und Bedeutung zu. Dadurch aber, daß die Tilgung nach Ablösung der Nachhypotheken fortgesetzt wird und nunmehr das Pfandbriefsdarlehen selbst ergreift, erfährt die Landschaft eine Kreditunterstützung in bisher nicht erreichter Weise. Eine Entschuldung unter angemessener Erweiterung des landschaftlichen Kredits, aber unter gleichzeitiger Auferlegung der von den Assoziierten zu leistenden Sicherheiten liegt daher im wohlverstandenen Interesse nicht nur der Assoziierten, sondern auch der Landschaft.

III. Allgemeine Charakterisierung der landschaftlichen Hilfstätigkeit bei Gewährung von Entschuldungskredit.

Nur bei eigener Tätigkeit der Verschuldeten kann, wie die bisherigen Darlegungen gezeigt haben, eine Entschuldung des landwirtschaftlich genutzten Grundbesitzes herbeigeführt werden. Bewegt sich aber die von dem einzelnen Assoziierten zu übende Selbsthilfe nach der Richtung einer allmählich Schritt für Schritt fortschreitenden, ununterbrochenen Schuldentilgung, so stellt die Landschaft bei dem Teil der Selbsthilfe, der ihr als dem genossenschaftlichen Zusammenschluß aller Assoziierten obliegt, diejenigen Mittel zur Verfügung, durch die der einzelne Genossenschafter, soweit dies ohne Gefahr angängig erscheint, alsbald in den Stand versetzt wird, teuere und kündbare Privathypotheken durch billigen und unkündbaren landschaftlichen Kredit zu ersetzen. Beide Arten der Selbsthilfe ergänzen sich und machen die Enschuldungsaktion erst vollkommen wirksam.

1. Die Hilfe ist fakultativ.

Auf welche Weise und in welchem Umfang die Landschaft eine Erhöhung des landschaftlichen Kredits eintreten lassen will, sei es auf Grund aller oder nur einzelner der ihr erteilten Vollmachten, hängt von ihrem Ermessen und von der Beschaffenheit des einzelnen Falles ab. Dies gilt insbesondere auch hinsichtlich der Frage, in welcher Höhe das fünfte Sechstel des Taxwerts zu beleihen sein wird. Überall muß aber der Gesichtspunkt leitend und ausschlaggebend bleiben, daß die volle Zuverlässigkeit der landschaftlichen Kreditunterlagen unter allen Umständen gewahrt wird.

2. Vereinigung von Besitz- und Personalkredit.

Es läßt sich nicht leugnen, daß die Landschaft mit der Tätigkeit, die sie anläßlich der Entschuldung auszuüben berufen ist, das Gebiet des Besitzkredits, der von ihr bei der Ausgabe von Schuldtiteln bisher ausschließlich zugrunde gelegt wurde, verläßt und sich in der Form des Besitzkredits zugleich der Befriedigung von Personalkredit zuwendet. Sollen die öffentlichen Kreditanstalten nach der Absicht des Gesetzes vom 20. August 1906 die Träger der auf Grund dieses Gesetzes zu entfaltenden Entschuldungstätigkeit sein, so können sie nur auf diese Weise der ihnen durch das Gesetz gestellten Aufgabe gerecht werden. Diese Tätigkeit erfordert eine so weitgehende Prüfung und Berücksichtigung der persönlichen Verhältnisse des zu Entschuldenden, die Beurteilung des im einzelnen Fall zulässigen Maßes der aufzuwendenden Entschuldungsmittel hängt so sehr von Gesichtspunkten des persönlichen Vertrauens ab, daß die Forderung, die Landschaft dürfe sich bei Ausgabe ihrer Schuldtitel nach keinen anderen Kreditvoraussetzungen richten, als nach denen des reinen Besitzkredits, gleichbedeutend wäre mit einem Verbot für die Landschaften zur Vornahme wirksamer Entschuldungsmaßregeln überhaupt. Demgegenüber muß betont werden, daß diejenige gemeinwirtschaftliche Kreditorganisation die vollkommenste ist, deren verfassungsmäßige Kreditunterlagen so breit und tief gegründet sind, daß sie eine derartige organische Verbindung von Besitz- und Personalkredit unbedenklich zulassen. Durch diese Einbeziehung von Gesichtspunkten der persönlichen Kreditgewährung bei Bewilligung von landschaftlichem Realkredit geschieht seiner Sicherheit keinerlei Abbruch. Denn die Voraussetzungen für eine solche Einbeziehung sind so streng, für die Verzinsung und Rückzahlung des gewährten Kredits ist eine so zuverlässige und wirksame Deckung vorgesehen, durch seine Bewilligung werden die wirtschaftlichen Verhältnisse nicht nur des Besitzers, sondern vornehmlich auch die Ertragsfähigkeit des beliehenen Grundstücks selbst so wesentlich gehoben und verbessert, daß gegen seine Gewährung begründete Bedenken nicht vorliegen können. Auf der anderen Seite widerspricht es dem Wesen des Personalkredits nicht, wenn sich seine Befriedigung im Wege einer dinglichen Verhaftung des Grundstücks vollzieht. Diese Form als primäre Form des Personalkredits mag nur deshalb als ungewöhnlich empfunden werden, weil der Personalkredit sich regelmäßig mit weniger zuverlässigen Sicherheiten begnügen muß.

IV. Die verschiedenen Arten des erweiterten landschaftlichen Kredits.

1. Erweiterung durch Zulassung günstigerer Abschätzungs-Grundsätze.

Die vorgeschlagenen Änderungen der Abschätzungs-Grundsätze ermöglichen eine Erhöhung der landschaftlichen Taxwerte[1]) und der landschaftlichen Beleihung. Ihre

[1]) Nach dem Beschluß des Generallandtages besteht die

Grenze für alle Güter ohne Verstärkung der Beleihungssicherheiten zu erweitern, erscheint nicht zulässig. Gegenüber dem Bestreben der Assoziierten, eine möglichst hohe Beleihungssumme zu erhalten, ist es Pflicht der Landschaft, die Grenze der unzweifelhaften Sicherheit mit Strenge einzuhalten. Wohl aber ist die Erhöhung in dem vorgeschlagenen Umfange durch die in Betracht kommenden wirtschaftlichen Verhältnisse bei Gütern begründet, die sich der gesetzlich zulässigen Verschuldungsgrenze und zugleich der Schuldentilgungspflicht unterworfen haben. Denn die größere Sicherheit, die diese Güter für die landschaftliche Beleihung bieten, läßt es gerechtfertigt erscheinen, diesen Umstand dadurch zu berücksichtigen, daß solche Grundstücke nach günstigeren Abschätzungs-Grundsätzen auch entsprechend höher taxiert und beliehen werden können. Ebenso wie es bisher geboten war, in der Wertsbemessung möglichst vorsichtig zu sein, damit die Beleihung unbedingt sicher ist, so muß jetzt für Güter, die höhere Taxwerte beanspruchen, neben der Schuldentilgungspflicht die Verschuldungsgrenze verlangt werden, da nur durch ihr Zusammenwirken bei Erhöhung der Taxwerte die Sicherheit der Beleihung nicht in Frage gestellt wird.

2. Die Beleihung des fünften Sechstels des Taxwerts.

Die vorgeschlagene Ausdehnung der landschaftlichen Beleihungsgrenze über $^2/_3$ bis zu $^5/_6$ des landschaftlichen

---

Änderung nur in der Zulassung eines höheren Zuschlages. Die zunächst vorgesehenen höheren Kapitalswerte sind fallen gelassen.

Taxwerts ist nicht als Mittel zur Befriedigung des Besitzkredits, sondern als Maßregel zur Ausführung eines Entschuldungsverfahrens gedacht.

Die jetzige Höchstgrenze für die Beleihung von $^2/_3$ des Taxwerts beruht auf dem Regulativ aus dem Jahre 1866. Eine Überschreitung dieser Grenze wäre vor Erlaß des neuen Bürgerlichen Gesetzbuches unmöglich gewesen, weil die Mündelsicherheit der Pfandbriefe nach § 39 Abs. 4 der Preußischen Vormundschafts-Ordnung davon abhängig war, daß die Landschaft in ihrem Statut die Beleihung von Grundstücken auf zwei Dritteile des Taxwerts beschränkte. Diese Voraussetzung ist in dem Preußischen Ausführungsgesetz zum BGB. fallen gelassen (Art. 74). Sie erschien dem Gesetzgeber entbehrlich, weil durch die vorgeschriebene staatliche Genehmigung der Satzungen und der Beleihungsgrundsätze der landschaftlichen Kreditanstalten, ferner durch die Staatsaufsicht über die Verwaltung und endlich durch das eigene Interesse der Landschaften an der Vermeidung zweifelhafter Beleihungen die Sicherheit der landschaftlichen Emissionen genügend gewährleistet wird. Nach dem heutigen Rechtszustand wird also die Mündelsicherheit der Pfandbriefe durch die Ausdehnung der Beleihungsgrenze nicht berührt. Gleichwohl wird auch jetzt empfohlen, an der bisherigen Höchstgrenze für die Beleihung von $^2/_3$ grundsätzlich und im allgemeinen festzuhalten. Denn der Betrag des Taxwerts, welcher vom Kredit frei gehalten wird, bildet für die Landschaft einen Sicherheitsfaktor gegen zu hohe Taxen, auf den nur ganz oder teilweise verzichtet werden könnte, wenn die Sicherheit in anderer Weise gewährleistet wird.

Diese anderweite Sicherheit erblickt die Vorlage in der Beschränkung der Verschuldungsfreiheit und in einer Regelung der Tilgung, die dem Pfandbriefsschuldner eine verstärkte Tilgungspflicht und eine ausschließliche Verwendung der Tilgungsbeiträge zur Abzahlung von Realschulden zur Pflicht macht. Dazu kommt noch, daß dieser Kredit ausschließlich als Entschuldungskredit, also nur zur Abstoßung von Hypotheken und Grundschulden gewährt werden soll, die dem Pfandbriefsdarlehen nacheingetragen sind. Die Verwendung des Kredits zu diesem Zwecke muß der Darlehensnehmer nachweisen. Tut er dies nicht, oder verwendet er das Darlehen zu anderen Zwecken, oder erfüllt er die sonstigen Bedingungen nicht, unter denen ihm das Darlehen gegeben ist, so hat die Direktion das Recht, nicht nur das bereits ausgegebene Darlehen über $^2/_3$ des Taxwerts wieder zurückzufordern, sondern auch das übrige Pfandbriefsdarlehen zu kündigen.

Für die Überschreitung der bisherigen Höchstgrenze von $^2/_3$ dürfte das fünfte Sechstel des landschaftlichen Taxwerts der gegebene Betrag sein. Daß dieser auch bisher im allgemeinen nicht als unsicherer Kredit angesehen ist, erhellt aus den für die Ostpreußische Provinzialhilfskasse und die Bank der Ostpreußischen Landschaft geltenden Bestimmungen, nach denen diese Institute das fünfte Sechstel zur Benutzung als Kreditunterlage freigegeben haben, ohne daß bisher irgend nennenswerte Verluste eingetreten sind. Da aber die Verhältnisse der Besitzer die verschiedenartigsten sein können, und der Kredit oft in dem einen Fall berechtigt, in dem andern unberechtigt ist, empfiehlt es sich nicht, den Besitzern ein Recht auf diesen Mehrkredit zu geben. Es dient zur Wahrung der gebotenen Sicherheit, wenn er individualisiert und von dem pflichtmäßigen Ermessen der Direktion abhängig gemacht wird. Diese ist dann in der Lage, den Kredit nur da zu gewähren, wo durch Zuverlässigkeit und wirtschaftliche Tüchtigkeit des Darlehenssuchers die reale Unterlage noch erhöht wird, und der erweiterte Kredit dazu dient, den landwirtschaftlichen Betrieb zu festigen und dauernd zu entlasten.

Immerhin bleibt es im Interesse der unbedingten Sicherheit notwendig, für diesen Mehrkredit Tilgungsbeiträge in Höhe von 2 % vorzusehen. Dieser verstärkte Tilgungsbeitrag, den das über $^2/_3$ bewilligte Pfandbriefsdarlehen zu leisten hat, trägt wesentlich dazu bei, die ununterbrochene Tilgung der Nachhypotheken zu beschleunigen, wodurch wiederum die Gefahr, die in der Ausdehnung des Kredits erblickt werden könnte, wirksam vermindert und beseitigt wird. Sind die vorhandenen Nachhypotheken abgelöst, so wird mit den Tilgungsbeiträgen zunächst der Teil des Pfandbriefsdarlehens über $^2/_3$ des Taxwerts und nach dessen Tilgung der Teil bis zu $^2/_3$ mit der Tilgungsrate von $^1/_2$ % weiter getilgt. Sind keine Nachhypotheken durch die Tilgungsbeiträge abzutragen, so ist der $^5/_6$-Kredit mit Hilfe der verstärkten Tilgung von 2% aus der Tilgung von ½% des ⅔-Darlehens in etwa 18 Jahren getilgt.

Unter den Voraussetzungen der Vorlage ist mithin ein Risiko mit der Überschreitung der bisherigen ⅔-Grenze bis zu ⅚ des Taxwerts für den Pfandbriefskredit nicht verbunden. Es ist deshalb durchaus gerechtfertigt, wenn in Aussicht genommen ist, auch für den Mehrbetrag die gleichen Pfandbriefe auszugeben, wie für die ⅔-Beleihung und sie ebenfalls auf die Generalgarantie zu gründen. Es erfordert dies das Interesse des gesamten landschaftlichen Kredits und der günstigen Kursentwicklung unserer Pfandbriefe. Es wird dann ebenso verfahren, wie im Jahre 1866 bei Ausdehnung der Beleihung bis ⅔ des Taxwerts, wo auch davon abgesehen wurde, eine besondere Gattung von Pfandbriefen für den weiteren Kreditbetrag auszugeben, obwohl die damalige Erhöhung der Beleihungsgrenze abweichend vom vorliegenden Fall allgemein und als Recht der Assoziierten zugelassen wurde.

3. Meliorationskredit.

Bei allen auf Beseitigung einer übermäßigen Verschuldung gerichteten Maßregeln ist es von größter Wichtigkeit, daß die Leistungen, die dem Besitzer zum Zwecke seiner Entschuldung zugemutet werden, nicht oder doch nicht erheblich größer sind, als die bisherige Gesamtbelastung des Grundstücks. Denn diejenigen Besitzer, die der Entschuldung am dringendsten bedürftig sind, setzen sich naturgemäß gerade aus den leistungsunfähigsten Elementen zusammen. Sie sind daher gegen jede Mehrbelastung derart empfindlich, daß sie auf die Einleitung einer Entschuldung unter Umständen von vornherein Verzicht leisten müssen. Meist ohne Belang ist es hierbei, wenn sich im Entschuldungsplan die eigentlichen Zinsen niedriger stellen als bisher, solange sich einschließlich der Schuldentilgungsbeiträge eine größere Gesamtjahresbelastung gegen früher ergibt. Denn die Lasten aus einer Zwangsamortisation werden von einem leistungsunfähigen Besitzer erfahrungsgemäß als ebenso drückend empfunden, wie die Zinsen selbst, so daß bei dieser Sachlage andere Vorteile der Neuregelung, wie die Unkündbarkeit der landschaftlichen Kredite vielfach gar nicht in die Wagschale fallen.

Das Entgegenkommen der Landschaft findet aber auch hier seine Grenze in der ihr schon im eigenen Interesse obliegenden Pflicht, unter allen Umständen auf die unbedingte Sicherheit der Pfandbriefsgläubiger bedacht zu sein. Ob und inwieweit unter solchen Umständen zu helfen ist, wird von Fall zu Fall nur die Praxis lehren können. Es entsteht daher die Frage, ob, da zur Entschuldung eines Gutes in erster Linie auf die Selbsthilfe des Besitzers zurückgegriffen werden muß, seiner Arbeitskraft nicht auch die Möglichkeit zu eröffnen sein wird, die Ertragsfähigkeit seines Gutes zu steigern und sich dadurch die Mittel zu beschaffen zur Deckung eines durch Entschuldungsmaßregeln gegen früher etwa hervorgerufenen Mehrbetrages an Lasten.

Aus Erwägungen dieser Art ist der Gedanke entstanden, landschaftliche Meliorationskredite zu gewähren und dieses neue bedeutsame Entschuldungsmittel dem von der Landschaft einzuleitenden Vorgehen anzugliedern.

Daneben kommt aber der Meliorationskredit auch als eines der wichtigsten Mittel zur Hebung der Landeskultur in Betracht. Die enormen technischen Forschritte, die der landschaftliche Betrieb in allen seinen Zweigen seit Mitte des vorigen Jahrhunderts erfahren hat, und der dadurch hervorgerufene Anreiz zur Ausführung neuer produktiver Anlagen hat bei der Landwirtschaft einen ungeheuren Kapitalhunger erzeugt. In Ermangelung eigener Mittel wird oft in wirtschaftlich nicht zu billigender Weise auch gerade zu diesem Zweck in erheblichem Umfang auf Privatdarlehen zurückgegriffen und dadurch wieder unmittelbar oder mittelbar auf dem Umwege des Personalkredits eine vielfach ungesunde Überschuldung herbeigeführt, weil die Vergütung für die Überlassung von Privatkapitalien häufig nicht im rechten Verhältnis steht zur Rentabilität der Melioration. Der Wunsch der Assoziierten nach einer tunlichst erleichterten Abhebbarkeit der landschaftlichen Amortisationsguthaben findet nicht zum geringsten Teil in dem Umstande seine Erklärung, daß diese Beträge vom Besitzer zur Bezahlung bereits ausgeführter oder zur Vornahme von Meliorationen bestimmt und dadurch ihrem wahren Zwecke der Schuldentilgung entfremdet werden. Es erscheint daher angezeigt, daß die Landschaft durch Gewährung von Meliorationskrediten einen Ersatz bietet, der für die Hebung des Wirtschaftsbetriebes sowohl im Zusammenhange mit der Entschuldungsaktion als auch im Landeskulturinteresse von der allergrößten Tragweite ist.

Auch die Gewährung von landschaftlichem Meliorationskredit ist aus den bereits mehrfach erörterten Sicherheitsmomenten von der Eintragung der Verschuldungsgrenze und der gleichzeitigen Übernahme der Schuldentilgungspflicht abhängig. Im übrigen erscheint seine Bewilligung auch deshalb unbedenklich, weil die Melioration den Gutswert entsprechend erhöht, mithin der Kreditgewährung als Äquivalent gegenübersteht.

Als Zwecke, für die ein Meliorationskredit gegeben werden kann, kommen alle Maßnahmen und Anlagen in Betracht, durch die eine dauernde Bodenverbesserung oder eine wesentliche Förderung oder Verbesserung des Wirtschaftsbetriebes erreicht wird. Die in der Vorlage aufgeführten Zwecke sind nicht erschöpfend, sondern sollen nur die am häufigsten vorkommenden Fälle bezeichnen. Ob ein zu fördernder Zweck vorliegt, und ob die Verhältnisse im übrigen so beschaffen sind, daß ein Eintreten der Landschaft angezeigt erscheint, hängt ebenso von dem Ermessen der Direktion ab, wie die Höhe des Kredits für das einzelne Gut. Die Bewilligung ist unter Berücksichtigung der persönlichen Tüchtigkeit des Besitzers und nur dann auszusprechen, wenn von der Melioration mit Sicherheit gesteigerte Gutserträge zu erwarten sind.

Die Höhe des Kredits ist nur an eine Höchstgrenze gebunden, die sich nach dem Betrage und dem Zinsfuß des auf dem Gute lastenden Pfandbriefsdarlehen richtet. Die Höchstgrenze ist bei einem 4 prozentigen Pfandbriefsdarlehen auf 8, bei einem 3½prozentigen auf 16, bei einem 3prozentigen auf 25% des Darlehens festgesetzt. Sie ist bedingt durch die Art der Sicherstellung im Grundbuche. Diese soll in der Weise erfolgen, daß der Besitzer sich verpflichtet, Jahresleistungen bis zu 5% des Pfandbriefsdarlehens einschließlich der dafür bisher gezahlten zu übernehmen, und diese Verpflichtung in das Grundbuch eintragen läßt. Eine solche Eintragung ist auf Grund des § 1119 BGB., weil die Jahresleistungen des Pfandbriefsdarlehens niedriger als fünf vom Hundert sind, an derselben Stelle wie das Pfandbriefsdarlehen zulässig, ohne daß es der Zustimmung der im Range gleich- oder nachstehenden Berechtigten bedarf. Der durch die Erhöhung auf 5% erzielte Mehrbetrag an Jahresleistungen beläuft sich bei einem Pfandbriefsdarlehen mit einer Verzinsung

a) von 4%	Zinsen und ½%	Tilgung auf ½%	}	des Pfandbriefsdarlehens
b) „ 3½%	„ „ ½%	„ „ 1%		
c) „ 3%	„ „ ½%	„ „ 1½%		

oder bei einem Pfandbriefsdarlehen von 100000 Mk. nach Summen berechnet auf jährlich

a) 500 Mk.
b) 1000 „
c) 1500 „

Unter Zugrundelegung einer 6%-Jahresleistung für den Meliorationskredit könnte ein Kapital gewährt werden:

zu a) in Höhe von rund	8000 Mk. oder 8%	}	eines Pfandbriefsdarlehens von 100000 Mk.
„ b) „ „ „ „	16000 „ „ 16%		
„ c) „ „ „ „	25000 „ „ 25%		

Eine 6%-Jahresleistung ist für den Meliorationskredit in Aussicht genommen, weil neben einer 3½prozentigen Verzinsung mindestens 2% zur Tilgung und ½% zur Bestreitung der Verwaltungskosten und Ansammlung eines genügend starken Reservefonds zur Deckung unvorhergesehener Ausfälle gefordert werden müssen. Mit der Auferlegung einer Tilgungspflicht von 2% wird erreicht, daß der Kredit in spätestens 30 Jahren ganz zur Ablösung gelangt.

Bei der Sicherstellung des Meliorationskredits durch Erhöhung der für das Pfandbriefsdarlehen zu zahlenden Jahresleistungen wird ebenso verfahren wie jetzt bei der Sicherstellung des Kursausgleichungszuschusses. Auch hier wird von Eintragung des Kapitals abgesehen. Es wird nur der zur Deckung der Zinsen und sonstigen Leistungen erforderliche Betrag im Grundbuch neben dem Pfandbriefsdarlehen in Form einer höheren Zinsleistung für dieses eingetragen. Damit wird er eine Nebenleistung des Pfandbriefsdarlehens. Als Nebenleistungen können die Jahresleistungen für den Meliorationskredit von der Landschaft mit den gleichen Privilegien beigetrieben werden, die ihr für die Beitreibung der Zinsen und Tilgungsbeiträge zustehen. Bei der Zwangsversteigerung werden die Rückstände an der gleichen Stelle liquidiert, wie die Zinsen des Pfandbriefsdarlehens (§ 10 Nr. 4 des Zwangsversteigerungsgesetzes vom 24. März 1897). Auch gehen sie mit dem Pfandbriefsdarlehen sowohl beim freihändigen Verkauf, wie auch bei der Zwangsversteigerung auf den Erwerber über. Bei der Zwangsversteigerung muß nur dafür gesorgt werden, daß das Pfandbriefsdarlehen unter allen Umständen bestehen bleibt, was die Landschaft auf Grund des § 59 Abs. 3 a. a. O. verlangen kann.

Mit dieser Regelung erlangt die Landschaft für die Beitreibung der Leistungen aus dem Meliorationsdarlehen die gleichen Vorteile, die auf Grund des Gesetzes vom 1. April 1879, betreffend die Bildung von Wassergenossenschaften (GS. S. 297), den Beiträgen zu diesen Genossenschaften durch ihren Charakter als öffentliche Lasten zustehen. Andererseits kann sie dadurch in der Gewährung des Meliorationskredits weiter gehen, wie die Provinzialhilfskasse. Diese verlangt bei Bewilligung von Darlehen an Einzelpersonen hypothekarische Eintragung innerhalb 5/6 des landschaftlichen Taxwerts und muß deshalb den Kredit versagen, wenn die Hypothekenstelle nicht frei ist. Eine solche Voraussetzung trifft aber meist nur bei leistungsfähigen Besitzern zu, während gerade die Bedürftigeren ausgeschlossen werden. Sind diese noch außerdem der örtlichen Verhältnisse wegen nicht in der Lage, sich einer Meliorationsgenossenschaft anzugliedern, so scheiden sie gänzlich aus. Hierauf dürfte es wohl auch zurückzuführen sein, daß nach einer Mitteilung des Herrn Landeshauptmanns, der Provinz Ostpreußen die Provinzialhilfskasse bis Ende 1905 nur an 145 Privatpersonen Darlehen mit rund 3 Mill. Mk. zu Meliorationszwecken bewilligt hat, während in dem gleichen Zeitraum an 395 Dränage- und andere Meliorations-Genossenschaften und Verbände Darlehen mit rund 20 Mill. Mk. haben zugewendet werden können. Dagegen ist die Landschaft nach der Vorlage imstande, auch Besitzern, die über die landschaftliche Beleihung hinaus belastet sind, zu helfen und sie zur leistungsfähigen Selbsthilfe im Kampfe gegen die Verschuldung dadurch zu befähigen, daß auch für solche Besitzer die finanzielle Grundlage geschaffen wird, auf der eine Steigerung ihrer Gütererträge durch Intelligenz und Arbeit möglich ist. Die Tätigkeit der Provinzialhilfskasse und der Landschaft auf diesem Gebiet würde sich in glücklicher Weise ergänzen.

Außer den höheren Jahresleistungen für das Pfandbriefsdarlehen muß der Darlehnsnehmer die Verpflichtung übernehmen, den ihm gewährten Kredit nur zu der von der General-Landschaftsdirektion genehmigten Anlage zu verwenden und den Verwendungszweck nachzuweisen. Entzieht er sich dieser Verpflichtung, oder verwendet er unter Umgehung der ihm auferlegten Verpflichtungen den gewährten Kredit zu anderen Zwecken, oder erfüllt er die ihm sonst von der Direktion auferlegten Verpflichtungen nicht, so ist die Direktion berechtigt, nicht nur den etwa schon ausgegebenen Meliorationskredit, sondern auch das Pfandbriefsdarlehen ganz oder teilweise zu kündigen.

Die Eintragung eines Pfandbriefsdarlehens ist nicht nur Voraussetzung für die Bewilligung eines Meliorationskredits, sondern auch für dessen fernere Belassung. Deshalb muß bei Rückzahlung des Pfandbriefsdarlehens auch der etwa bewilligte Meliorationskredit zurückgezahlt werden. Auch darf der Besitzer vor Rückzahlung des

Meliorationskredits Löschungsbewilligung oder Abtretung bezüglich des Pfandbriefsdarlehens nicht fordern.

Die Mittel für die von der Landschaft zu gewährenden Kredite werden durch Ausgabe von verzinslichen seitens der Gläubiger unkündbaren Schuldverschreibungen auf den Inhaber beschafft. Auf diese Weise wird es möglich, die Gelder den Assoziierten zu einem der Geldmarktlage entsprechenden, möglichst niedrigen Zinssatze zur Verfügung zu stellen. Die Besitzer erhalten den Erlös der für ihre Darlehen auszugebenden Schuldverschreibungen und müssen die etwaige Kursdifferenz tragen. Die Schuldverschreibungen können nicht als Ostpreußische Pfandbriefe ausgegeben werden, weil Pfandbriefe eine auf Kapital lautende Hypothekenforderung voraussetzen. Es empfiehlt sich daher, als Ausgabestelle unsere landschaftliche Bank heranzuziehen, wofür auf ein ähnliches Vorgehen bei dem Kur- und Neumärkischen Ritterschaftlichen Kreditinstitut Bezug genommen wird.[1]) Dort gibt die Ritterschaftliche Darlehnskasse seit dem Jahre 1901 auf Grund von Darlehen an Körperschaften des öffentlichen Rechts Schuldverschreibungen aus und hat davon etwa 50 Mill. Mk. bereits in Umlauf. Die von unserer Bank auszugebenden Schuldverschreibungen sollen sich in Zinssatz und Stücken an unsere Pfandbriefe an-

[1]) Nach dem von der Direktion beantragten Beschluß des Generallandtages werden die Schuldverschreibungen nicht von der Bank, sondern von der Landschaft selbst auf Grund der nach § 5 Abs. 3 OE. im Grundbuche einzutragenden Sicherheitshypothek ausgegeben.

schließen und müssen in Höhe des Nennwerts stets durch eine Darlehensforderung in gleicher Höhe gedeckt sein. Insoweit sich der Gesamtbetrag der ausgegebenen Darlehen vermindert, müssen auch Schuldverschreibungen aus dem Verkehr gezogen werden. Daraus ergibt sich, da die Tilgung der Darlehen mit mindestens 2% erfolgt, also kein Darlehen eine längere Dauer als 30 Jahre hat, daß auch die Schuldverschreibungen stets in großen Beträgen aus dem Verkehr kommen. Damit wird die Kursentwicklung der Schuldverschreibungen in hohem Maße günstig beeinflußt. Die Sicherheit für diese Schuldverschreibungen liegt in den Darlehensforderungen der Landschaft, in den im Grundbuche zur ersten Stelle neben den Pfandbriefsdarlehen eingetragenen Jahresverpflichtungen, die eine Ablösung eines jeden Darlehens innerhalb 30 Jahren sichern, in dem Beitreibungsrecht der Landschaft nach den ihr verliehenen Privilegien, in der Haftung des gesamten Vermögens der Bank, in dem für die Darlehen angesammelten Reservefonds und in der Garantie der Landschaft. Für die noch erforderlichen Ausführungsbestimmungen ist die Beschlußfassung der Direktion im Einvernehmen mit dem Verwaltungsrat der Bank vorgesehen.

4. Der Spannungskredit als Entschuldungskredit und Mittel zur Ablösung von Domänenzins.

Anstatt eines Meliorationskredits kann die Direktion in der Höhe und unter den Bedingungen eines solchen auch Darlehen zur Ablösung von Hypotheken oder Grundschulden, die nach dem Pfandbriefsdarlehen im Grundbuche eingetragen sind, oder zur Ablösung eines vor dem Pfandbriefsdarlehen im Grundbuche eingetragenen Domänenzinses bewilligen. In diesem Falle muß die Abtretungsurkunde an die Landschaft und der etwa gebildete Hypotheken- oder Grundschuldbrief bezüglich der abzulösenden Post oder die Löschungsbewilligung und der Löschungsantrag bezüglich des Domänenzinses der Landschaft eingereicht werden. Es ist damit die Möglichkeit gegeben, auch diesen Kredit unmittelbar zur Verminderung der auf dem Gute ruhenden Verpflichtungen nutzbar zu machen, in Fällen, wo eine Melioration nicht erforderlich oder eine Ablösung nachstehender Realforderungen wirtschaftlich mehr geboten ist. Insbesondere trifft der Gesichtspunkt der Entlastung für die Ablösung der Domänenzinse zu. Diese sind seinerzeit bei Begebung des Gutes durch den Staat für diesen im Grundbuche zur ersten Stelle eingetragen. Sie unterliegen keiner Tilgung, sind mit dem zwanzigfachen Kapitalbetrage ablösbar und haben also die Natur einer 5prozentigen dauernden Belastung. Eine Ablösung durch die Rentenbank ist nur auf Antrag des Staates, als des Berechtigten, gesetzlich zulässig und dieser Antrag bisher trotz wiederholter an die Regierung gerichteter Gesuche einzelner Schuldner bisher nicht gestellt worden. Wenn die Landschaft die zur Ablösung der Domänenzinse erforderlichen Kapitalbeträge in Form von tilgungspflichtigen Darlehen den Schuldnern zur Verfügung stellt, kommt sie einem vorhandenen Bedürfnis nach und folgt den Anregungen, die auf dem letzten ordentlichen

Generallandtage (1904) gegeben sind. Sie befreit dadurch die Schuldner und Güter von einer drückenden Last, die bisher in den meisten Fällen den Charakter einer dauernden Rente hatte.

Die von dem Schuldner für diese Kredite zu übernehmenden Jahresleistungen werden, ebenso wie bei dem Meliorationskredit von der General-Landschaftsdirektion festgesetzt. Dabei wird zu berücksichtigen sein, daß die Verwaltungskosten bei diesen Krediten erheblich geringer sind, wie bei den Meliorationskrediten, bei denen die Kontrolle über die Ausführung und Erhaltung der Anlage dauernd Kosten verursacht. Ferner wird bei den Krediten zur Ablösung der zur ersten Stelle im Grundbuche eingetragenen Domänenzinse die Ansammlung eines Reservefonds nicht erforderlich sein, weil sie dem Pfandbriefsdarlehen im Grundbuche vorgehen und ihre Löschung dessen Rangstellung verbessert. Infolgedessen wird der zur Deckung der Verwaltungskosten und Ansammlung eines Reservefonds bei den Meliorationskrediten vorgesehene Betrag von ½ % des Kredits hier in dieser Höhe nicht zu beanspruchen sein. Es wird vielmehr dem Ermessen der Direktion vorbehalten bleiben, wieviel davon als Verwaltungskosten und wieviel zur Verstärkung der Tilgung zu verwenden ist.

V. Die Lebensversicherung als Entschuldungsmittel.

Mit den Bestimmungen über die Lebensversicherung soll diese mithineingezogen werden in die Mittel zur Entschuldung. Sie hat insofern einen Vorzug vor der jetzigen Tilgung, als sie eine Unterbrechung dieser ausschließt und ein bestimmtes Kapital zum Tage des Todes oder einem willkürlich gewählten Zeitpunkt für die Zwecke der Entschuldung schafft. Sie hindert aber nicht eine weitere Verschuldung des Gutes und kann deshalb nicht entfernt in dem Maße für die Schuldentlastung nutzbar gemacht werden, wie die Eintragung einer Verschuldungsgrenze. Sie gewährt nur denjenigen Pfandbriefsschuldnern, welche sich nicht entschließen können, sich der Verschuldungsgrenze und der damit verbundenen Schuldentilgungspflicht zu unterwerfen, einen Weg zu einer wirksameren Tilgung wie bisher. Wenn diese Pfandbriefsschuldner von ihm Gebrauch machen wollen und die in der Vorlage gestellten Bedingungen erfüllen, sollen sie von Zahlung der bisherigen Tilgungsbeiträge frei bleiben. Die Lebensversicherung tritt dann an die Stelle der Tilgung. Der Besitzer muß der Landschaft die Rechte aus der Versicherung abtreten und bei ihr die Police niederlegen. Für die erforderliche Sicherstellung dieses Kapitals muß die Direktion durch vorsichtige Auswahl der Gesellschaft, bei der die Versicherung abgeschlossen werden darf, Sorge tragen. Auch ist in der Vorlage in Aussicht genommen, daß die Bank der Ostpreußischen Landschaft für diesen Zweck eine besondere Lebensversicherungs-Abteilung einrichten kann. Durch die Abtretung der Rechte aus dem Versicherungsvertrage an die Landschaft und die Niederlegung der Police bei ihr ist dafür gesorgt, daß das Lebensversicherungskapital dem Zwecke der Entschuldung nicht entzogen werden kann.

Die Versicherung kann auf den Todes- oder Erlebensfall, auf das Leben des Besitzers oder mit Genehmigung der Direktion auch auf das einer anderen Person abgeschlossen sein. Die Lebensversicherungssumme muß mindestens 25% des Pfandbriefsdarlehens ausmachen, damit der Mangel eines Tilgungsguthabens als ausgeglichen angesehen werden kann. Außerdem müssen die Jahresprämien mindestens die Höhe der landschaftlichen Tilgungspflicht von ½% jährlich erreichen. Sie dürfen aber zusammen mit den für das Pfandbriefsdarlehen zu zahlenden Jahresleistungen nicht mehr als 5% des Pfandbriefsdarlehens betragen. Dieser Höchstsatz ist geboten, weil ein höherer Zinsfuß des Pfandbriefsdarlehens an der gleichen Stelle wie dieses aus den bei der Begründung des Meliorationskredits angegebenen Gründen nicht im Grundbuche eingetragen werden darf. Der Besitzer muß die Verpflichtung zur Zahlung der Prämie an die Landschaft in urkundlicher Form als Nebenleistung des Pfandbriefsdarlehens übernehmen und im Grundbuche eintragen lassen. Übersteigt sie nicht die bisherige Tilgungspflicht, so genügt es, wenn im Grundbuch vermerkt wird, daß die bisherige Tilgungsrate zur Deckung der Prämien für einen Lebensversicherungsvertrag verwendet werde, andernfalls ist die Erhöhung des Zinssatzes für das Pfandbriefsdarlehen einzutragen.

Der Besitzer muß der Landschaft das Recht einräumen, die Versicherung aufzuheben,

wenn er mit den Prämienzahlungen im Rückstande bleibt oder

wenn das Gut freihändig oder im Wege der Zwangsversteigerung verkauft wird und der Eigentümer oder der Versicherte von dem ihm unter den nachstehend bezeichneten Bedingungen zustehenden Recht auf Aushändigung der Police keinen Gebrauch macht.

Andererseits erhält der Eigentümer oder, wenn dieser darauf verzichtet, der Versicherte das Recht, die Aushändigung der Police zu seiner freien Verfügung zu verlangen,

wenn er beim freihändigen Eigentumswechsel vor der Auflassung oder bei der Zwangsversteigerung vor dem Verteilungstermin den Rückkaufswert und die etwa rückständigen Prämien der Landschaft zum Tilgungsfonds einzahlt.

Die Landschaft zahlt die Prämien an die Versicherungsanstalt und zieht sie mit den etwaigen Verzugszinsen wie bei Pfandbriefszinsen und Tilgungsbeiträgen von dem Besitzer ein, wobei ihr für die zwangsweise Beitreibung die gleichen Vorrechte zustehen, wie bezüglich der Pfandbriefszinsen und Tilgungsbeiträge.

Verfügungen des Besitzers oder des Versicherten über die Rechte aus der Versicherung sind rechtsungültig, soweit sie nicht in der Vorlage selbst vorgesehen sind. Auch können die zugelassenen Rechte nicht von einem Dritten im Wege der Zwangsvollstreckung in Anspruch genommen werden. Es entspricht diese Regelung den für das landschaftliche Tilgungsverfahren geltenden Bestimmungen und ist geboten, um das Lebensversicherungskapital für den Zweck der Entschuldung zu sichern. Aus dem gleichen Grunde werden alle an die Landschaft zur

Zahlung gelangenden Beträge aus dem Versicherungsvertrage, wie das Lebensversicherungskapital und der Rückkaufswert, sowie die von dem Eigentümer oder Versicherten zur Freistellung der Police gezahlten Summen ebenso behandelt wie das Guthaben am Tilgungsfonds und dürfen nur unter den gleichen Bedingungen wie dieses verwendet werden. Eine Vergünstigung wird nur im Interesse der Beförderung der Lebensversicherung dadurch gewährt, daß der Direktion das Recht verliehen wird, beim Tode des Versicherten die dann gezahlte Lebensversicherungssumme ganz oder teilweise auszuzahlen, ohne daß die sonstigen Voraussetzungen für die Abhebbarkeit und Verwendung vorzuliegen brauchen. Dadurch wird es möglich, wichtige Interessen der Familie des Eigentümers bei dessen Tode in solchen Fällen zu berücksichtigen, wo das Interesse der Landschaft und des Gutes damit nicht in Widerspruch steht.

VI. Volkswirtschaftliche Wirkungen der Eintragung der Verschuldungsgrenze.

Bildet hiernach, wenn von der Lebensversicherung abgesehen wird, die Eintragung der Verschuldungsgrenze und die darin enthaltene Beschränkung der Verschuldungsfreiheit die eigentliche Grundlage für eine von der Landschaft im Einverständnis mit dem Besitzer einzuleitende Entschuldung, so knüpfen sich hieran neben der privatrechtlichen Wirkung nicht minder wichtige, volkswirtschaftlich und sozialpolitisch gleich bedeutsame Folgen, deren ausschlaggebendem Gewicht sich die Landschaft bei Beurteilung der Vorlage nicht verschließen sollte.

1. Erhaltung einer dauernden Wirkung der der Landwirtschaft zugewendeten oder noch zuzuwendenden Vorteile.

Dem Grundbesitz gemachte Zuwendungen, sei es nun, daß sie in der Gewährung erhöhter Taxwerte und Beleihungen, sei es, daß sie in staatlich, provinziell oder landschaftlich geförderten Meliorationen, Eisenbahn- und Chausseebauten, sei es endlich, daß sie in der Erhöhung landwirtschaftlicher Zölle bestehen, führen sämtlich eine Steigerung seiner Rentabilität herbei. Es liegt nun die Gefahr nahe, daß der einzelne Landwirt, der sich zur Zeit jener Zuwendungen gerade im Besitz befindet, die erhöhte Rentabilität des Gutes durch Aufnahme von Hypotheken kapitalisiert und mit einem Schlage für sich allein realisiert, so daß das Gut im Falle eines Besitzwechsels auf den Nachfolger mit einer Mehrbelastung übergeht, die ebenso schädlich wirkt, wie die ungünstigen Produktionsbedingungen, unter denen der Vorgänger zu leiden hatte, bevor die Zuwendung dem Besitz zuteil wurde. Die Vorteile der Zuwendung werden also wieder aufgehoben durch eine erhöhte Belastung. Hier bietet seit Erlaß des Artikel 117 des Einführungsgesetzes zum Bürgerlichen Gesetzbuch und des sich darauf gründenden Gesetzes vom 20. August 1906 die Eintragung der Verschuldungsgrenze die notwendige und allein wirksame Kautel, weil sie die Vorwegnahme der mit einer erhöhten Rentabilität eintretenden Vorteile nur für die persönlichen Zwecke des augenblicklichen Besitzers verhindert. Dadurch werden solche Zuwendungen dem Grundbesitz dauernd und auch für die Zukunft erhalten. Bei Erlaß des neuen

Zolltarifs ist von den Gegnern der Landwirtschaft mit Vorliebe darauf hingewiesen, daß die Erhöhung der landwirtschaftlichen Zölle nur den jeweiligen Besitzern zugute kommen würde. Es ist dies der gefährlichste und am schwersten zu widerlegende Einwand gegen unsere neuen Agrarzölle. Die Entwicklung kann unter Umständen so sein, sie braucht sich aber nicht so abzuspielen. Jedenfalls ist die Eintragung der Verschuldungsgrenze das sicherste Mittel, um jene Voraussage zu entkräften und der Landwirtschaft die unleugbaren Vorteile der erhöhten Agrarzölle dauernd und ungeschmälert zu erhalten.

2. Wirkung auf die Güterpreise.

Es läßt sich nicht verschweigen, daß der Verkaufswert des Grundbesitzes durch Beschränkung seiner Verschuldungsfreiheit insofern herabgedrückt werden kann, als dadurch naturgemäß diejenigen von einem Ankauf abgehalten werden, die nicht in der Lage sind, den über diesen verschuldbaren Wertsteil hinausgehenden Betrag des Kaufpreises bar zu entrichten. Es fragt sich aber doch sehr, ob diese Wirkung im Interesse der Landwirtschaft und ihres Wohlergehens nicht bei weitem vorzuziehen sein möchte den Verhältnissen, wie sie sich zum Teil schon jetzt herausgebildet haben und in volkswirtschaftlich nicht zu billigender Weise immer weiter dahin herauszubilden drohen, daß die gezahlten Preise nicht mehr im richtigen Verhältnis stehen zur durchschnittlichen Ertragsfähigkeit der Güter. Das Interesse des augenblicklich im Besitz befindlichen Landwirts braucht sich nicht immer zu decken mit dem der Landwirtschaft als solchen.

Der einzelne Landwirt hegt von seinem an sich durchaus berechtigten privatwirtschaftlichen Standpunkt den erklärlichen Wunsch, daß ihm sein Gut im Falle des Verkaufs möglichst hoch bezahlt wird. Die Landwirtschaft als Ganzes hat, wenn auch nicht gerade das Entgegengesetzte, so doch das berechtigte Intresse, daß der Besitznachfolger das Gut unter Bedingungen übernimmt, die ihm bei ordnungsmäßiger Wirtschaftsführung Auskommen und Gedeihen sichern. Das ist aber unmöglich, wenn, wie es auch gerade in Ostpreußen jetzt so oft geschieht, Güter zu übermäßigen Preisen bei ganz unzureichender Anzahlung, unter Übernahme bereits vorhandener Hypotheken und übergroßer Restkaufgelder, ohne zulängliche Betriebsmittel auf den Käufer übergehen. Solche Verhältnisse sind wirtschaftlich unhaltbar. Sie mobilisieren den Grundbesitz, erniedrigen ihn zum Spekulationsobjekt und vernichten den altseßhaften Besitzerstand mit seiner Liebe zur Scholle und seinen auf Festigung des Familienbesitztums gerichteten Traditionen.

Eine solche Entwicklung wäre volkswirtschaftlich und sozialpolitisch durchaus ungesund. Vom Standpunkt des von ihr zu vertretenden öffentlichen Wohles hat die Landschaft die unabweisbare Pflicht, dem Umsichgreifen solcher Zustände, solange es noch Zeit ist, mit allen ihr zur Verfügung stehenden Mitteln auf das nachdrücklichste entgegenzutreten. Die Erhaltung einer kräftigen und leistungsfähigen Landwirtschaft ist für Deutschland eine soziale und politische Notwendigkeit. Ausgerüstet mit ihren großen Machtmitteln hat die Landschaft vor allem den Beruf, nach Kräften dazu beizutragen, daß die Landwirtschaft als nationale Kraft und als vornehmste soziale Grundlage unseres Staates erhalten bleibt. Eine seßhafte und heimfrohe Landbevölkerung ist der Jungbrunnen unseres Volkes. Sie stellt den Ersatz für die in den Städten, in den großen Industrie- und Verkehrszentren aufgeriebene und verbrauchte Volkskraft, sie führt ihnen frisches Blut und neues Leben zu. Dieses wertvolle Kapital muß, soll das Staatswohl nicht gefährdet werden, in seinem Bestande erhalten werden.

3. Schaffung einer neuen Grundlage für eine gesunde Entwicklung des Personalkredits.

Endlich würde aber eine Einschränkung der Verschuldungsfreiheit im Sinne der Vorlage, falls von der Eintragung der Verschuldungsgrenze im größeren Umfange Gebrauch gemacht wird, den unschätzbaren Vorteil haben, daß für eine gesunde Entwicklung des ländlichen Personalkredits eine neue Grundlage geschaffen würde. Wie die Motive zum Gesetz vom 20. August 1906 zutreffend ausführen, verdient der Einfluß, den die Verschuldungsgrenze auf die Personalkreditverhältnisse des Grundstückseigentümers ausüben wird, besondere Beachtung. Es ist zwar nicht ausgeschlossen, daß ein Teil der Kreise, die an sich zur Gewährung von Personalkredit geneigt sind, es als Nachteil empfinden werden, daß ihnen die Möglichkeit der Eintragung einer über die Verschuldungsgrenze hinausreichenden Zwangshypothek entzogen wird. Auf der anderen Seite werden aber diese Kreise einen wesentlichen Vorzug darin erblicken, daß sie künftig im Falle der Zwangsversteigerung von der Befriedigung aus dem nicht verschuldbaren Grundstückswertteil durch Realgläubiger nicht ausgeschlossen werden können. Diese Gefahr bildet, solange die Grundstücke unbeschränkt verschuldbar sind, eine namentlich für die gemeinwirtschaftlichen Personalkredit-Institute (Genossenschaft) sehr fühlbare Schranke der gesunden Entwicklung des ländlichen Personalkredits und führt im großen Umfange dazu, daß Personalschulden in Realkredit umgewandelt werden, die Verschuldung des Grundbesitzes auf dem Umweg über den Personalkredit also weiter gesteigert wird. Hieraus dürfte sich ein gewisses natürliches Interesse des richtig organisierten Personalkredits an einer möglichst umfangreichen Einbürgerung der Verschuldungsgrenze ergeben.

VII. Einheitlichkeit der Vorlage und ihre Folgen.

Alle Teile der Vorlage dienen dem gemeinsamen Zweck der Entschuldung des land- und forstwirtschaftlich genutzten Grund und Bodens und können nur im Zusammenhang miteinander beurteilt werden. Sie bilden ein organisches Ganzes derart, daß mit dem Fortfall eines Teils auch die übrigen hinfällig werden. Es ist insbesondere nicht angängig, daß diejenigen Bestimmungen, die den landschaftlichen Kredit erweitern wollen, angenommen, dagegen die für die Bewilligung einer solchen Krediterweiterung unbedingt notwendigen Voraussetzungen einer wirksamen Schuldentilgung und die darauf abzielenden Vorschriften abgelehnt werden. Sollen nicht die festen Kreditunterlagen der Landschaft erschüttert werden, so ist die Einräumung der Vorteile ohne gleichzeitige Übernahme der entsprechenden Lasten undenkbar.

Die Vorlage ist aufgebaut in gewissenhafter Abwägung des Maßes der den Assoziierten zuzuwendenden Vorteile und derjenigen Verpflichtungen, die ihnen in ihrem eigenen und im Interesse des Kreditinstituts auferlegt werden müssen. Ein Abstrich auf der einen oder anderen Seite würde ihr Gleichgewicht vollkommen verschieben. Der die Vorlage einbringende General-Landschaftsdirektor würde die Verantwortung hierfür nach Pflicht und Gewissen ablehnen müssen. Es erscheint auch gänzlich ausgeschlossen, daß eine verstümmelte Vorlage die erforderliche staatliche Genehmigung finden würde. Nach Lage der Dinge wird sie daher von den landschaftlichen Kollegien und demnächst vom Generallandtag nur als Ganzes angenommen oder abgelehnt werden können.

VIII. Staatshilfe.

1. Ausschluß von finanziellen staatlichen Zuwendungen.

Erfährt die Vorlage die Billigung des Generallandtages, so werden die auf Grund ihrer Bestimmungen einzuleitenden Entschuldungsmaßregeln seitens der Landschaft unabhängig auszuführen sein. Die Landschaft rechnet nicht auf eine Mitwirkung des Staates in Form einer finanziellen Beteiligung oder Garantieleistung. Sie vertraut ihrer eigenen Kraft und den erprobten Grundlagen ihres Kreditsystems. Der die Vorlage einbringende General-Landschaftsdirektor glaubt hier allgemeiner Zustimmung sicher zu sein. Eine Inanspruchnahme staatlicher Fonds zur Durchführung einer landschaftlichen Entschuldungstätigkeit dürfte sich aber auch schon deshalb verbieten, weil sie unter Umständen dazu führen könnte, die Selbständigkeit der Landschaft und die Freiheit ihrer Entschließungen auf diesem Gebiet durch die Einschaltung einer Mitwirkung staatlicher Organe einzuschränken. Die Unabhängigkeit der Landschaft und ihrer Selbstverwaltung innerhalb der ihr verfassungsmäßig gezogenen Grenzen muß wie für die Vergangenheit so auch für die Zukunft in vollem Umfange gewahrt bleiben. Als nach dem Tilsiter Frieden die Finanzen Preußens aufs Äußerste erschöpft waren, nahm der Staat seine Zuflucht auch zum landschaftlichen Kredit. Aus jener Zeit stammt die Unterwerfung des staatlichen Domänen- und Forstbesitzes unter die von sämtlichen damals assoziationsfähigen Gütern der Provinz für die Pfandbriefsverbindlichkeiten der Landschaft zu übernehmende Generalgarantie, ein Vorrecht, das von allen Landschaften allein der ostpreußischen eingeräumt ist. Zugleich wurde aber schon damals festgesetzt, daß die landschaftlichen Kassen und Rechnungen keiner Revision und Kontrolle der Oberrechnungskammer oder sonstigen unmittelbaren Staatsbehörde unterworfen, sondern lediglich der Disposition der Landschaft vorbehalten sein sollten.

2. Mitwirkung der Königlichen Meliorations-Baubeamten.

Nur in einer Hinsicht erbittet die Landschaft eine staatliche Unterstützung. Sie glaubt im Hinblick auf die Zwecke, die durch den geplanten Meliorationskredit gefördert werden sollen, erwarten zu dürfen, daß ihr sowohl im allgemeinen Staatsinteresse als auch im

Landeskulturinteresse insbesondere bei der Aufstellung und Prüfung der Projekte, sowie bei der Abnahme und Kontrolle der ausgeführten Meliorationen die Mitwirkung der Königlichen Meliorations-Baubeamten und jede sonstige staatliche Unterstützung in gleichem Umfange gewährt werden wird, wie dies schon jetzt gegenüber den Provinzial-Verwaltungen geschieht. Die Landschaft ist nicht in der Lage, sich einen eigenen Stab von technisch geschulten Beamten zu halten und zu erziehen. Der Erfolg der Maßregel wird wesentlich davon abhängen, daß in ihren Dienst die reichen Erfahrungen der staatlichen Meliorationsbeamten gestellt werden.

IX. Bedeutung der Vorlage für die zukünftige Entwicklung der Landschaft.

Als gemeinnützige Einrichtung mit behördlicher Eigenschaft, als ständischer Vertretungskörper der in ihr vereinigten ostpreußischen Landwirte, darf sich die Landschaft der Pflicht nicht entziehen, an dem inneren Ausbau der Landwirtschaft mitzuarbeiten und den hierbei an sie herantretenden Aufgaben gerecht zu werden. Der alte sturmerprobte Stamm muß neue grüne Reiser treiben, die ihn mit frischen Lebenssäften durchströmen. Die weitgehenden auch durch die neuere Gesetzgebung aufrecht erhaltenen Privilegien, die von Preußens Königen der Landschaft verliehen wurden, legen ihr die Verpflichtung auf, sich des erwiesenen Vertrauens immer von neuem würdig zu zeigen. Sie darf, wo auf ihre Mitwirkung gezählt wird, nicht versagen. Die Landschaft steht an einem Markstein ihrer Entwicklung. Es ist zu hoffen, daß ihre erwählten Vertreter eingedenk der in guten und in bösen Zeiten bewährten Traditionen dem bedeutungsvollen Schritt, den das altehrwürdige Institut in Fortbildung und Vertiefung seiner Aufgaben tun soll, aus vollster innerer Überzeugung werden zustimmen können.

gez. **Kapp**,
General-Landschaftsdirektor und geheimer Oberregierungsrat.

Sachregister.

(Die Ziffern bezeichnen die Seiten.)

C.

D.

E.

N.

O.

P.

Q.

R.

S.

Herrosé & Ziemsen, G. m. b. H., Wittenberg.

Verzeichnis

der

Guttentag'schen Sammlung Deutscher Reichs- und Preussischer Gesetze

Text-Ausgaben

mit Anmerkungen u. Sachregister

6. **Gewerbeordnung** für das Deutsche Reich nebst allen Ausführungsbestimmungen. Ursprünglich herausgegeben von **T. Ph. Berger** und Dr. **L. Wilhelmi.** Siebzehnte Auflage bearbeitet von Oberverwaltungsgerichtsrat **H. Spangenberg.** 1907. 3 M.

Nachtragsband: enthaltend Novelle **„Kleiner Befähigungsnachweis"** von Geh. Ober-Regierungsrat **Spielhagen.** 1908.

Ergänzungsband: **Preußische Ausführungsanweisung.** 1904. 2 M.

7. Die deutsche **Post- und Telegraphen-Gesetzgebung.** Nebst dem Weltpostvertrag und dem internationalen Telegraphenvertrag. Von Wirkl. Geh. Rat Dr. **Fischer.** Sechste Auflage bearbeitet von Geh. Ober-Postrat Dr. **M. König.** 1908. 4 M.

8. Die Reichsgesetze über den **Unterstützungswohnsitz** in der Fassung der Novelle vom 30. Mai 1908, **die Freizügigkeit, den Erwerb und Verlust der Bundes- und Staatsangehörigkeit,** nebst allen landesgesetzlichen Bestimmungen. Von Geheimrat Dr. **J. Krech,** Mitglied des Bundesamtes für das Heimatwesen. Siebente Auflage. 1908. 3 M.

9. Sammlung **kleinerer strafrechtlicher Reichsgesetze.** Mit den Entscheidungen des Reichsgerichts, bearbeitet von **M. Werner,** Geh. Ober-Regierungsrat. Zweite Auflage. 1903. 3 M.

(Inhalt ca. 25 verschiedene Gesetze.)

10. **Das Reichsbeamtengesetz** und seine Ergänzungen. Erläutert von **J. Pieper.** Zweite Auflage. 1901. 4 M. 50 Pf.

— In der Fassung von 1907 siehe Nr. 82.

11. **Zivilprozeßordnung mit Gerichtsverfassungsgesetz** in den neuesten Fassungen. Herausgegeben zunächst von **R. Sydow,** Staatssekretär im Reichsschatzamt, weiter bearbeitet von **L. Busch,** Reichsgerichtsrat. Zehnte Auflage. (In größerem Oktav-Format.) 1905. 6 M.

12. **Strafprozeßordnung und Gerichtsverfassungsgesetz** nebst den Gesetzen, betreffend die Entschädigung der im Wiederaufnahmeverfahren freigesprochenen Personen und die Entschädigung für unschuldig erlittene Untersuchungshaft. Von Dr. **A. Hellweg,** Reichsgerichtsrat. Fünfzehnte Auflage. 1908. 2 M.

13. **Konkursordnung und Anfechtungsgesetz.** Von **R. Sydow.** Weiter bearbeitet von **L. Busch.** Zehnte Auflage. 1906. 2 M. 25 Pf.

14. **Gerichtsverfassungsgesetz** mit Einführungsgesetz. Herausgegeben von **R. Sydow** und **L. Busch.** Neunte Auflage. 1905. 1 M. 50 Pf.

15. **Das Deutsche Gerichtskostengesetz** nebst den Gebührenordnungen für Gerichtsvollzieher, Zeugen und Sachverständige. Herausgegeben mit Kosten-

tabellen von **R. Sydow.** Weiter bearbeitet von **L. Busch.** Achte Auflage. 1907. 2 M.

16. **Rechtsanwaltsordnung.** Von **R. Sydow.** Sechste Auflage von Justizrat **M. Jacobsohn.** 1907. 1 M. 20 Pf.

17. **Die Deutsche Gebührenordnung für Rechtsanwälte und das Preußische Gebührengesetz** vom 27. September / 6. Oktober 1899. Von **R. Sydow** und **L. Busch.** Siebente Auflage. 1903. 1 M. 60 Pf.

18. **Reichsstempelgesetz (Börsensteuer, Frachturkunde, Kraftfahrzeuge, Personenfahrkarte, Tantieme für Aufsichtsratsmitglieder).** Vom 3. Juni 1906. Nebst Ausführungsbestimmungen und Entscheidungen. Neunte Auflage von **P. Loeck,** Regierungsrat. (In größerem Oktav-Format.) 1906. 4 M. 50 Pf.

19. **Die Seegesetzgebung.** Von Dr. **W. E. Knitschky.** Vierte Auflage bearbeitet von Oberlandesgerichtsrat **Otto Rudorff** in Hamburg. 1908. 6 M.

20. **Krankenversicherungsgesetz.** Von weil. Dr. **E. von Woedtke,** Direktor im Reichsamte des Innern. Elfte Auflage bearbeitet von Dr. **G. Eucken-Addenhausen,** Geh. Reg.-Rat und vortr. Rat im Reichsamte des Innern. 1905. 3 M.

21. **Die Konsulargesetzgebung.** Von Professor Dr. **Ph. Zorn.** Zweite Auflage. 1901. 3 M.

22. **Patentgesetz.** Nebst Ausführungsbestimmungen, völkerrechtlichen Verträgen und der Patentanwalts-Ordnung unter eingehender Berücksichtigung der Rechtsprechung des Reichsgerichts und der Praxis des Patentamts. Bisher von Prof. Dr. **R. Stephan** herausgegeben. Siebente Auflage von **R. Lutter,** Geh. Reg.-Rat im Kaiserl. Patentamt 1908. 2 M. 80 Pf.

Gesetz zum Schutz der Warenbezeichnungen. Nebst Ausführungsbestimmungen. Siehe Seite 16 Nr. 87.

23. **Gewerbe-Unfallversicherungsgesetz.** Von weil. Dr. **E. v. Woedtke.** Neunte neubearbeitete Auflage von **Franz Caspar,** Direktor im Reichsamt des Innern. 1907. 2 M. 50 Pf.

24. **Aktiengesellschaft und Kommanditgesellschaften auf Aktien.** (Handelsgesetzbuch, II. Buch, Abschnitt 3 und 4). Mit Anmerkungen von Justizrat Dr. **H. Veit Simon** und Amtsrichter **L. Keyssner.** 1908. Sechste Auflage. Im Druck.

25. **Brausteuergesetz** vom 3. Juni 1906 mit Ausführungsvorschriften. Von **A. Düffe,** Obersteuerkontrolleur. 1907. 3 M.

26. Die Reichsgesetzgebung über **Münz- und Notenbankwesen,** Papiergeld, Prämienpapiere und Reichsschulden. Von Dr jur. **R. Koch,** Präsident des Reichsbankdirektoriums. Fünfte Auflage. 1905. 3 M.

27. Die Gesetzgebung, betr. das Gesundheitswesen im Deutschen Reich für Behörden, Aerzte 2c. Von Dr. jur. **C. Goesch** und Dr. med. **J. Karsten.** 1888. 1 M. 60 Pf.

28. **Bau-Unfallversicherungsgesetz.** Vom 30. Juni 1900. Von **R. Chrzescinski,** Kaiserl. Regierungsrat. Dritte Auflage. 1900. 2 M.

29. **Reichsgesetz,** betr. die **Erwerbs- und Wirtschaftsgenossenschaften.** Von **L. Parisius** und Dr. **H. Crüger.** Zwölfte Auflage bearbeitet von Dr. **H. Crüger.** 1907. 1 M. 50 Pf.

30. **Invalidenversicherungsgesetz** vom 13. Juli 1899. Von weil. Dr. **E. v. Woedtke.** Zehnte Auflage von Regierungsrat **H. Follmann.** 1906. 4 M.

31. **Gewerbegerichtsgesetz.** Von Stadtrat **L. Mugdan.** Sechste Auflage bearbeitet von **W. Cuno,** Erstem Bürgermeister zu Hagen i. W. 1906. 2 M. 20 Pf.

32. **Reichsgesetz,** betr. die **Gesellschaften mit beschränkter Haftung.** Von **L. Parisius** und Dr. **H. Crüger.** Neunte Auflage von Dr. **H. Crüger.** 1907. 1,40 M.

33. **Vereins- und Versammlungsrecht** in Deutschland. Von Dr. **E. Ball.** Zweite Aufl. von Dr. **F. Friedenthal.** 1907. 2 M. 50 Pf

Das neue Vereinsgesetz vom 19. April 1908 vide Nr. 88 — Seite 16.

34. Reichsgesetz, betreffend die Abzahlungsgeschäfte. Vom 16. Mai 1894. Von J. Hoffmann. Zweite vermehrte Auflage besorgt von Dr. E. Wilke, Landgerichtsrat. 1901. 1 M. 20 Pf.

35. Die Reichs-Eisenbahngesetzgebung. Von W. Coermann, Kaiserl. Amtsrichter. 1895. 2 M. 25 Pf.

36. Gesetze, betr. die privatrechtlichen Verhältnisse der Binnenschiffahrt und der Flößerei. Dritte Auflage von E. Löwe, Landgerichtsrat. 1903. 3 M.

37. Gesetz zur Bekämpfung des unlauteren Wettbewerbes. Vom 27. Mai 1896. Von Dr. R. Stephan, Geh. Regierungsrat. Dritte Auflage. 1903. 1 M.

38/39. Bürgerliches Gesetzbuch nebst Einführungsgesetz. Nach dem Tode des ursprünglichen Herausgebers Reichsgerichtsrats a. D. Dr. A. Achilles in Verbindung mit Professor Dr. André, Kammergerichtsrat Ritgen, Ober-Landesgerichtsrat Strecker, Ober-Regierungsrat Dr. Unzner herausgegeben von Geh. Ober-Justizrat Greiff. Fünfte Auflage. (In größerem Oktav-Format) 1906. 6 M. 50 Pf.

40. Gesetz, betr. die Pflichten der Kaufleute bei Aufbewahrung fremder Wertpapiere (Depotgesetz). Mit Erläuterungen. Von F. Lusensky, Geh. Ober-Regierungsrat. Zweite Auflage. 1905. 1 M.

41. **Börsengesetz.** In der Fassung der Novelle vom 8. Mai 1908 nebst Ausführungsbestimmungen von **A. Wermuth** und **H. Brendel.** Zweite Auflage. Neu bearbeitet von Wirkl. Geh. Ob.-Regierungsrat. **Th. Hemptenmacher,** Staatskommissar an der Berliner Börse. 1908. 2 M.

42. **Grundbuchordnung** nebst den preußischen Ausführungsbestimmungen. Mit Einleitung. Von Prof. Dr. **O. Fischer.** Vierte Auflage. 1906. 2 M.

43. Die Gesetzgebung, betr. die **Zwangsvollstreckung in das unbewegliche Vermögen** im Reiche und in Preußen. Mit Einleitung, Kosten- und Gebührentabellen. Von Dr. **J. Krech,** Kaiserl. Geh. Regierungsrat und Professor Dr. **O. Fischer.** Fünfte Auflage. 1907. 2 M.

44. Das Reichsgesetz über das **Auswanderungswesen** vom 9. Juni 1897 nebst Ausführungsverordnungen und Anlagen. Unter Benutzung amtlicher Quellen. Von Professor Dr. **Felix Stoerk.** 1899. 2 M. 25 Pf.

45. Das **Entmündigungsrecht** unter Berücksichtigung der für Preußen geltenden Vorschriften nebst der preußischen Justiz-Ministerial-Verfügung vom 28. November 1899. Text der zivil- und prozeßrechtlichen Bestimmungen mit Erläuterungen von Landgerichtsrat Dr. **P. Koll** in Cöln. 1900. 1 M. 50 Pf.

46. Die Gesetze des Reiches und Preußens über die **freiwillige Gerichtsbarkeit**. Mit Einleitung von **Herm. Jastrow**, Amtsgerichtsrat. Vierte Auflage. 1906. 3 M.

47. Das **deutsche Vormundschaftsrecht** und das preuß. Gesetz über die Fürsorgeerziehung Minderjähriger nebst den dazu gehörigen preußischen Nebengesetzen. Von **Max Schultzenstein**, Oberverwaltungsgerichtsrat und Amtsgerichtsrat Dr. **Paul Köhne**. Zweite Auflage. 1901. 3 M.

48. Gesetze und Verordnungen, betr. den **Drogen-, Gift- und Farbenhandel** außerhalb der Apotheken. Von Dr. **Broh**, Rechtsanwalt. 1899. 1 M. 25 Pf.

49. Deutsche **Kolonialgesetzgebung**. Von Professor Dr. **Philipp Zorn**. 1901. 4 M. 50 Pf.

50. Der **Viehkauf** (Viehgewährschaft) nach dem Bürgerlichen Gesetzbuche. Nebst Verordn. betr. die Hauptmängel und Gewährsfristen beim Viehhandel. Von Rechtsanwalt Dr. **H. Stölzle** und **H. Weiskopf**, Königl. Kreistierarzt in Augsburg. Vierte wesentlich verbesserte Auflage. 1908. 4 M.

51. **Hypothekenbankgesetz** vom 13. Juli 1899. Von Dr. **H. Göppert**, Gerichts-Assessor. 1900. 1 M. 80 Pf.

52. Gesetz, betreffend die gemeinsamen **Rechte der Besitzer von Schuldverschreibungen**. Von Dr. **Heinrich Göppert**, Gerichts-Assessor. 1900. 2 M.

53. **Reichspreßgesetz** vom 7. Mai 1874 nebst den einschlägigen Bestimmungen des Strafgesetzbuchs, der Gewerbeordnung ꝛc. Kommentar von **A. Born,** Polizeiassessor. 1900. 1 M. 50 Pf.

54. Die **Reichsgesetzgebung** über den **Verkehr mit Nahrungsmitteln, Genußmitteln und Gebrauchsgegenständen.** Von Dr. **Georg Lebbin,** Nahrungsmittelchemiker. 1900. 2 M. 25 Pf.

55. **Das Recht der Beschlagnahme von Lohn- und Gehaltsforderungen.** Auf Grundlage der Reichsgesetze vom 21. Juni 1869 u. 29. März 1897 und der Zivilprozeßordnung. Von Justizrat **Georg Meyer.** Dritte Auflage. 1908. 2 M. 50 Pf.

56. **Gesetz,** betr. die **Bekämpfung gemeingefährlicher Krankheiten.** Nebst Ausführungsbestimmungen. Von Dr. **Bruno Burkhardt,** Regierungsrat, Mitglied des Kais. Gesundheitsamts. 1900. 1 M. 40 Pf.

57. **See-Unfallversicherungsgesetz.** Von **Dr. Max Mittelstein,** Oberlandesgerichtsrat in Hamburg. 1901. 2 M.

58. **Das Recht der unehelichen Kinder** nach dem BGB. Von **Hermann Jastrow,** Amtsg.-Rat. 1901. 1 M. 80 Pf.

59. Reichsgesetz über die **Beurkundung des Personenstandes und die Eheschließung.** Von Dr. **F. Fidler,** Amtgerichtsrat. 1901. 1 M. 80 Pf.

60. Gesetz, betreffend das **Urheberrecht an Werken der Literatur und der Tonkunst.** Von Landrichter **Otto Lindemann.** Zweite Auflage. 1907. 1 M. 60 Pf.

61. Gesetz über das Verlagsrecht. Von Justizrat **Ernst Heinitz.** 1901. 1 M. 50 Pf.

62. Gesetz über die privaten Versicherungsunternehmungen. Von **H. Könige,** Reichsgerichtsrat. 2. Auflage in Bearbeitung.

63. **Gesetzestafel des Deutschen Reichsrechts.** Systematisch geordnete Nachweisung des z. Z. geltenden Reichsrechts. Ergänzungsband zu der Guttentag'schen Sammlung Deutscher Reichsgesetze. Von **Hugo Bruhns,** Syndikus. 1902. 8⁰. 2 M. 50 Pf.

64. Gesetzsammlung betr. den **Handel mit Drogen und Giften.** Reichsgesetzl. Bestimmungen und Anhang mit den landesgesetzl. Verordnungen sämtlicher Bundesstaaten. Von Rechtsanwalt **H. Sonnenfeld,** Syndik. d. Berl. Drogisten-Innung. 1902. 3 M.

65. **Das Weingesetz vom 24. Mai 1901.** Mit Ausführungsbestimmungen von **Dr. Georg Lebbin,** Handels- u. Gerichtschemiker. 1902. 1 M. 50 Pf.

66. **Die Eisenbahn-Gesetzgebung.** Von **W. Pietsch,** Geh. exp. Sekretär im Reichs-Eisenbahn-Amt. 1902. 5 M.

67. **Militär-Strafgesetzbuch** von Senats-Präsident Dr. **Paul Herz** und Kriegsgerichtsrat Dr. **Georg Ernst.** 1903. **Aus dem Handel gezogen;** dafür Text-Ausgaben ohne Anmerkungen Seite 24. 1 M.

68. Das **Fleischbeschaugesetz.** Vom 3. Juni 1900. Mit Ausführungsges. u. Verordnungen im Reiche und in Preußen. Von Dr. **Georg Lebbin,** Gerichtschemiker und Rechtsanwalt Dr. **Georg Baum.** 1903 4 M.

69. Reichsgesetz über die **Naturalleistungen der bewaffneten Macht im Frieden nebst den zugehörigen** in Preußen geltenden Bestimmungen. Von Regierungsassessor Dr. **Walter v. Hippel.** 1903. 1 M. 25 Pf.

70. Das **Reichs-Haftpflichtgesetz,** betr. die Verbindlichkeit zum Schadensersatz für die bei dem Betriebe von Eisenbahnen, Bergwerken, Steinbrüchen, Gräbereien und Fabriken herbeigeführten Tötungen und Körperverletzungen, vom 7. Juni 1871. Von Regierungsrat Dr. **G. Eger.** 1903. Preis 3 M.

71. **Kinderarbeit in gewerblichen Betrieben,** v 30. März 1903. Nebst der Preuß. Ausführ.-Anw. v. 30. Nov. u. d. Bek. des Reichskanzlers v. 17. Dez. 1903. Von **H. Spangenberg,** Oberverwaltungsgerichtsrat. Zweite vermehrte Auflage. 1904. 1 M. 60 Pf.

72. **Unfallversicherungsgesetz für Land- und Forstwirtschaft** vom Wirkl. Geh. Rat Dr. **E. von Woedtke,**

fortgesetzt von Dr. **Alfred Radtke,** Geh. Regierungsrat und Senatspräs. im Reichsversicherungsamt. Zweite Auflage. 1904. 4 M. 50 Pf.

73. **Entschädigung für unschuldig erlittene Verhaftung und Bestrafung.** Nebst Anhang, enth. die dazu gehörigen Nebengesetze über Schadensersatz. Von Dr. jur. **A. Romen,** Geh. Kriegsrat und vortr. Rat im Kriegsministerium. 1904. 2 M.

74. Die **Kaufmannsgerichte** nebst den preuß. Ausführungsbestimmungen. Von Dr. **Max Apt,** Syndikus der Korporation der Berliner Kaufmannschaft. Dritte Auflage. 1905. 2 M.

75. Reichsgesetz über die **Konsulargerichtsbarkeit.** Erläutert von Dr. jur. **A. F. Vorwerk,** Rechtsanwalt in Schanghai. Zweite Ausgabe, mit dem Schutzgebietsgesetz und der Ausführungsverordnung, betreffend die Rechtsverhältnisse in den deutschen Schutzgebieten. 1908. 2 M.

76. **Die Rechtshilfe im Verkehr mit den ordentlichen Gerichten nach deutschem Reichsrecht.** Zusammenstellung aller in Betracht kommenden Gesetzesstellen. Von Landrichter Dr. **A. Friedländer.** 1906. 1 M. 80 Pf.

77. **Das Reichserbschaftssteuergesetz.** Vom 3. Juni 1906. Von **Ulrich Hoffmann,** Geh. Registrator im Kgl. Preuß. Finanzministerium. 1906. 2 M. 60 Pf.

78. **Zigarettensteuergesetz.** Vom 3. Juni 1906. Von Dr. **Cuno,** Gerichtsassessor. 1906. 1 M. 80 Pf.

79. **Die Militärpensionsgesetze** vom 31. Mai 1906 nebst Ausführungsbestimmungen. Zum Gebrauch für Heer, Marine und Schutztruppe von Dr. jur. **A. Romen,** Wirklicher Geheimer Kriegsrat.
   a) I. Teil: Offizierpensionsgesetz. 1907. 3 M. 50 Pf.
   b) II. Teil: Mannschaftsversorgungsgesetz. 1908. 3 M. 50 Pf.

   Jeder Teil ist einzeln käuflich.

80. Reichsgesetzgebung über **gerichtliche Registerführung.** Textausgabe der einschlägigen Gesetzesbestimmungen mit Anmerkungen und Sachregister von **Otto Lindemann,** Landrichter. 1906. 3 M.

81. Gesetz, betr. **Urheberrecht an Werken der bildenden Künste und der Photographie.** Von Dr. **Ludw. Fuld,** Rechtsanwalt. 1907. 1 M.

82. **Reichsbeamtengesetz** in der Fassung vom 18. Mai 1907 und seine Ergänzungen von Prof. Dr. **Ad. Arndt.** 1908. 3 M.

83. **Reichsgesetz über den Versicherungsvertrag** nebst Einführungsgesetz mit Einleitung und ausführlicher Erläuterung von Dr. **Paul Hager** und Dr. **R. Behrend,** Regierungsräte im Kaiserl. Aufsichtsamt f. Privatversicherung. 1908. 5 M

84. **Sammlung kleinerer privatrechtlicher Reichsgesetze** von Landrichter **Georg Müller.** 1908. 6 M. 50 Pf.

Enthält eine Fülle von Gesetzen, die anderweit fast garnicht oder nur schwer zu beschaffen sind.

85. **Scheckgesetz** mit Einleitung usw. Von Prof. Dr. **Max Apt.** Vierter Abdruck. 1908. 1 M. 50 Pf.

86. **Die Auslieferungsverträge des Deutschen Reiches** von Landrichter **A. Cohn.** 1908. 4 M.

87. **Gesetz zum Schutz der Warenbezeichnungen.** Nebst Ausführungsbestimmungen. Von Geh. Reg.-Rat, Mitglied des Patentamts Dr. **Freund** und Rechtsanwalt **Magnus.** Fünfte Auflage. 1908. Im Druck.

88. **Vereinsgesetz** vom 19. April 1908. Unter Benutzung der amtlichen Quellen. Nebst einem Anhang, enth. die Vorschriften des BGB. über die Vereine. Bearbeitet von Dr. jur. **A. Romen,** Wirkl. Geh. Kriegsrat im Königl. Preuß. Kriegsministerium. 2. Auflage. 1908. 1 M. 50 Pf.

89. **Deutsches Vogelschutzgesetz** vom 30. Mai 1908 nebst den das Flugwild betreffenden Bestimmungen der Preußischen Jagdordnung von Dr. jur. **Leo von Boxberger.** 1908. 1 M.

90. **Die Haager Abkommen über das Internationale Privatrecht** von Dr. **G. A. E. Bogeng.** 1908. ca. 2 M.

Guttentag'sche Sammlung

Preußischer Gesetze.

Text-Ausgaben mit Anmerkungen. Taschenformat.

1. Die Verfassungs-Urkunde für den Preußischen Staat. Mit Einleitung, vollständigem Kommentar. Von Prof. Dr. **Adolf Arndt.** Sechste Auflage. 1907. 3 M.

2. **Preußische Beamten-Gesetzgebung.** Enthaltend die wichtigsten Beamtengesetze in Preußen. Von **C. Pfafferoth.** Vierte, neubearb. Auflage. 1905. Mit Anhang: Abänderung vom 27. Mai 1907. 2 M.

3. **Die Aufnahme des Nottestaments** durch die bestellten besonderen Urkundspersonen. Anweisung vom 15. März 1904. Erläutert mit Musterbeispielen und einem Abriß des Erbrechts von Amtsgerichtsrat **C. Kurtz.** 1904. 1 M. 50 Pf.

4. **Gebührenordnung** für Notare vom 25. Juni 1895 nebst den einschlägigen Vorschriften des Preußischen Gerichtskostengesetzes. Von **R. Sydow.** Dritte Auflage bearbeitet von Justizrat Dr. **Rausnitz.** 1908. 1 M. 60 Pf.

5. **Gesetz vom 24. April 1854 (betr. die außerehel. Schwängerung).** Von Dr. **Schulze.** 1873. 75 Pf.
   Gültiges Recht siehe: Reichsgesetze Nr. 58.

6. Die Preuß. **Ausführungsgesetze und Verordnungen zu den Reichs-Justizgesetzen.** Von **R. Sydow.** Dritte vermehrte Auflage. 1895. 2 M. 40 Pf.
   Siehe Seite 23, Busch, Ausführungsgesetze.

7. **Allg. Gerichtsordnung** vom 6. Juli 1793 und **Preuß. Konkursordnung** vom 8. Mai 1885. Von **F. Vierhaus**, Geh. Ober-Justizrat. Vergriffen.

8. **Vormundschaftsordnung.** Von **F. Schultzenstein.** Gültiges Recht siehe: Reichsgesetze Nr. 47.

9. Die **Preußische Grundbuchgesetzgebung.** Von Prof. Dr. **Fischer.** Vergriffen. Siehe: Reichsgesetze Nr. 42.

10. **Einkommensteuergesetz.** Von **A. Fernow**, Geh. Ober-Finanzrat. Siebente Auflage. 1908. 3 M. 25 Pf.

11. **Gewerbesteuergesetz.** Von **A. Fernow**, Geh. Ober-Finanzrat. Vierte, vermehrte Auflage. 1905. 2 M.

12. **Allgemeines Berggesetz** für die Preußischen Staaten vom 24. Juni 1865 nebst den preußischen Berggesetznovellen, den einschläg. Nebengesetzen u. Ausführungsbestimmungen. Mit Einleitung, Erläuterungen und Sachregister bearbeitet von **W. Westhoff** und **W. Schlüter.** Zweite Auflage. 1907. 5 M.

13. **Ergänzungssteuergesetz** (Vermögenssteuergesetz). Von **A. Fernow**, Geh. Ober-Finanzrat. Vierte vermehrte Auflage. 1907. 2 M. 40 Pf.

14. **Kommunalabgabengesetz.** Vom 14. Juli 1893 und Gesetz wegen Aufhebung direkter Staatssteuern. Von Dr. **F. Adickes**, Oberbürgermeister. Vierte Auflage. 1906. 1 M. 50 Pf.

15. Die Kreisordnungen für den Preußischen Staat. Von O. Kolisch, Landgerichtsrat. 1894. 4 M.

16. Konzessionierung gewerblicher Anlagen. Preuß. Ausführungs-Anweisung zu §§. 16 u. ff der Gewerbe-Ordnung. Von Dr. W. v. Rüdiger, Geh. Regierungs- u. Gewerberat. Zweite Auflage. 1901. 2 M.

17. Preußisches Gerichtskostengesetz. Mit Kostentabellen. Von Dr. P. Siméon, Landgerichtsrat. Fünfte Auflage. 1908. 2 M. 60 Pf.

18. Preußisches Stempelsteuergesetz vom 31. Juli 1895. Mit den gesamten Ausführungsbestimmungen und vollständigen Tabellen Von P. Loeck, Regierungsrat. Sechste Auflage. (In größerem Oktav-Format.) 1907. 6 M.

19. Das Jagdscheingesetz. Mit ausführlichen Erläuterungen. Von F. Kunze, Wirklichem Geh. Ober-Regierungsrat. Zweite Auflage. 1899. 2 M.

20. Die preußischen Erbschaftssteuergesetze. Unter Berücksichtigung der Novelle vom 31 Juli 1895. Von U. Hoffmann, Geh. Registrator im Königl. preuß. Finanzministerium 1905. 4 M.
(Reichs-Erbschaftssteuergesetz s. Reichsgesetze Nr. 77).

21. Gesetz über die Handelskammern. Vom 19. August 1897. Mit Erläuterungen von F. Lusensky, Geh. Regierungsrat. 1897. 3 M.

22. **Gesetz, betr. Anstellung und Versorgung der Kommunalbeamten.** Mit Ausführungsanweisung. Von Dr. **W. Ledermann,** Magistratsassessor zu Berlin. 1899. 1 M. 25 Pf.

23. **Ausführungsgesetz zum Bürgerlichen Gesetzbuche.** Von Landrichter Dr. **P. Siméon.** 2. Aufl. 1905. 1 M. 80 Pf.

24. **Die Hinterlegungsordnung** in der Fassung des Ausführungsgesetzes z. BGB. v. 20. Sept. 1899 nebst Ausführungsbestimmungen. Von Regierungsrat Dr. **Georg Bartels.** 2. Aufl. 1908. 2 M.

25. **Preußische Kommunalbeamtengesetzgebung.** Von Magistr.-Assess. Dr. **Fr. Kremski,** Berlin. 1901. 3 M.

26. **Gesetze über das Diensteinkommen der Lehrer und Lehrerinnen, Ruhegehalt und Fürsorge für Hinterbliebene.** Tabelle zur Berechnung der Ruhegehalts-, Witwen- u. Waisenbezüge. Von Dr. **Ed. Cremer,** Beigeordneter. 1900. 2 M. 40 Pf.

27. **Gesetz, betreffend die Warenhaussteuer.** Von Geh. Ober-Finanzrat Dr. **G. Strutz.** 1900. 1 M. 20 Pf.

28. **Gesetz über die Fürsorgeerziehung Minderjähriger.** Nebst Ausführungsbestimmungen. Von Landgerichtsdirektor Dr. **P. F. Aschrott.** Zweite umgearbeitete Auflage. 1907. 2 M. 80 Pf.

29. **Gesetz, betr. die ärztlichen Ehrengerichte, das Umlagerecht und die Kassen der Aerztekammern.** Von Amtsgerichtsrat Dr. **Fidler.** 1901. 1 M. 50 Pf.

30. **Die das Preußische Staatsschuldbuch und Reichsschuldbuch** betr. Gesetze nebst Ausführungsbestimmungen. Von Wirkl. Geh. Ober-Finanzrat **J. Mücke,** Mitglied der Staatsschuldenverwaltung. 1902. 2 M.

31a. **Die geltenden Preußischen Gesindeordnungen.** Herausgegeben in zwei Bänden von **Stephan Gerhard,** Rechtsanwalt in Berlin. 1902.

Band I: Gesindeordnung für die altpreußischen Provinzen vom 8. XI. 1810, mit Erläuterungen unter Berücksichtigung der Ergänzungsgesetze und der Rechtsverhältnisse der Gesindevermieter, sowie die Gesindeordnungen für Neuvorpommern und Rügen und für die Rheinprovinz. 2 M. 50 Pf.

31b. **Band II:** Gesindeordnungen für Hannover, Schleswig-Holstein, Hessen-Nassau und den Regierungsbezirk Hohenzollern. 2 M. 50 Pf.

Siehe auch Seite 32: Ratgeber von Grieben.

32. **Die Städteordnung für die sechs östlichen Provinzen Preußens** vom 30. Mai 1853 nebst ihren gesetzlichen Ergänzungen. Von **Dr. jur. Walter Ledermann,** Magistrats-Assessor zu Berlin. (In größerem Oktav-Format.) 1902. 6 M.

33. **Rentenguts- und Anerbenrechts-Gesetzgebung in Preußen.** Von Landgerichtsrat **M. Peltasohn** und Rechtsanwalt **Bruno Peltasohn.** 1903. 3 M.

34. Sammlung der wichtigsten **preußischen Strafgesetze** nebst Anhang: Gesetz betr. polizeiliche Strafverfügungen vom 23. April 1883. Von **Otto Lindemann,** Amtsrichter. 1903. 2 M. 50 Pf.

Inhalt: Mobiliar-Feuerversicherung — Chausseegeld — Jagdpolizei — Jagdschein — Wild-Schonzeit — Fischerei — Versammlungs- u. Vereinigungsrecht — Belagerungszustand — Gesindedienstpflichten — Mineraliengewinnung und -Aneignung – Schlachthäuser — Dampfkesselbetrieb — Wandergewerbebetrieb — Reblausverbreitung — Forstdiebstahl — Wald- u. Wassergenossenschaften – Feld- u. Forstpolizei — Lotteriespiel — Verkehrsabgaben — Landestrauer.

35. **Geschäftsordnung für Gerichtsvollzieher.** Gerichtsvollzieherordnung und Gebührensätze von Amtsgerichtssekretär a. D. **Emil Exner.** 1904. 3 M. 50 Pf.

36. Die Gesetzgebung über **Polizeiverordnungen in Preußen** von **Otto Lindemann,** Amtsrichter in Köslin. 1904. 1 M. 50 Pf.

37. Gesetz über die **Enteignung von Grundeigentum** vom 11. Juni 1874. Von Landrichter **O. Meyer.** 1905. 2 M.

38. **Kreis- und Provinzial-Abgabengesetz.** Vom 23. April 1906. Von **Fr. Schmidt,** Gemeindevorsteher. 1906. 1 M. 25 Pf.

39. Gesetz betr. die **Unterhaltung der öff. Volksschulen.** Vom 28. Juli 1906. Von **Dr. A. Marcks,** Regierungsrat. 1906. 2 M.

40. Gesetz betr. das **Verwaltungsstrafverfahren** bei Zuwiderhandlungen gegen die Zollgesetze und die sonstigen Vorschriften über indirekte Reichs- und Landesabgaben, sowie die Bestimmungen über die Schlacht- und Wildpretsteuer vom 26. Juli 1897. Von **Dr. Richard Katzenstein,** Gerichtsassessor. 1907. 3 M. 60 Pf.

41. **Die preußischen Jagdpolizeigesetze.** Von **Fr. Kunze,** Wirkl. Geh. Oberregierungsrat und **R. Kühnemann,** Rechtsanwalt. Zweite gänzlich veränderte und verbesserte Auflage. 1908. 3 M. 60 Pf.

42. Die Gesetzgebung über die **Allgemeine Landesverwaltung** und über die **Zuständigkeit der Verwaltungs- und Verwaltungsgerichtsbehörden.** Von Rechtsanwalt **Dr. Karl Friedrichs** in Düsseldorf. 1908. 3 M.

43. Gesetz betr. die **Zulassung einer Verschuldungsgrenze** für land- und forstwirtschaftlich benutzte Grundstücke v. 20. August 1906 nebst Ausführungsvorschriften. Von Dr jur. **R. Leweck,** Syndikus der Ostpreuß. Landschaft. 1908. 2 M. 40 Pf.

Guttentag'sche Sammlung von Text-Ausgaben mit Sachregister ohne Anmerkungen.

Die Preußischen Ausführungsgesetze, Verordnungen und ministeriellen Verfügungen zu dem Bürgerlichen Gesetzbuche und den Reichs-Justizgesetzen nebst anderen zugehörigen Gesetzen. Textausgabe, nach Materien geordnet, mit Sachregister von **L. Busch.** Zweite Auflage von Gerichtsassessor **O. Eylau.** 8°. Preis geb. 4 M. 50 Pf.

Die Preußischen Ausführungsgesetze zum Bürgerlichen Gesetzbuche und Nebengesetze. Text-Ausgabe ohne Anmerkungen. Fünfte Auflage. Taschenformat. Preis geb. in ganz Leinen 1 M. 80 Pf.

Handbuch des Testamentrechts mit zahlreichen Beispielen und Formularen. Dargestellt von **Heinrich Pelser,** Landgerichtsrat. gr. 8° (496 S.). Zweite Auflage. Preis 9 M., gebunden 10 M.

Bürgerliches Rechts-Lexikon.

Nach dem Bürgerlichen Gesetzbuch, dem Handelsgesetzbuch und sonstigen Reichs- und Landesgesetzen bearbeitet von

E. Christiani, Amtsgerichtsrat.

Dritte, wesentlich vermehrte und verbesserte Auflage.

1908. Lex. 8°. Geb. in ganz Leinen Preis 11 M. 20 Pf.

Erbenhaftung und Nachlaßkonkurs im neuen Reichsrecht. Von Professor Dr. Ernst Jaeger. 1898. 8°. (117 S.) 3 M.

Fluchtliniengesetz. — Das Gesetz, betreffend die **Anlegung** und **Veränderung** von Straßen und Plätzen in Städten und ländlichen Ortschaften vom 2. Juli 1875. Des Kommentars von weil. Oberverwaltungsgerichtsrat R. Friedrichs sechste, völlig neubearbeitete Auflage. Von Senatspräsident Dr. jur. Hugo von Strauß und Torney. 1908. Im Druck.

Die **freiwillige Gerichtsbarkeit** im Reiche und in Preußen. Ein Leitfaden von Dr. A. Nußbaum. 1900. 8°. (268 S.) Geb. in Leinen 4 M.

Gewerberecht und **Arbeiterschutz.** Führer für Arbeitgeber und Arbeiter durch die Gewerbe- und Arbeiterschutzgesetze. Von G. Laurisch, Kgl. Gewerbeinspektor. 1901. 8°. (210 S.) Kart. 1 M. 80 Pf.

Die **Gläubigeranfechtung außerhalb des Konkurses.** Auf Grundlage des Gesetzes v. 21. Juli 1879. Von Prof. Dr. Ernst Jaeger. 1905. (356 S.) 9 M., geb. 10 M.

Die **Grundbuchordnung** nebst den preußischen Ausführungsbestimmungen mit Kommentar und systematischer Uebersicht über das materielle Grundbuchrecht. Von Reichsgerichtsrat Dr. Alex Achilles und Landrichter O. Strecker. 1901. Lex. 8°. (960 S.) 12 M., geb. in Halbfr. 14 M.

Die **Verfügungen in Grundbuchsachen.** Leitfaden für Grundbuchbeamte, Notare und Referendare. Von Amtsgerichtsrat Max Löwenherz. 1904. (115 S.) gr. 8°. 2 M., geb. in Leinen 2 M. 50 Pf.

Die **Haftpflicht der Beamten.** Nach Reichsrecht und dem Recht der deutschen Bundesstaaten unter Berücksichtigung der Haftpflicht des Staates (Gemeindeverbandes usw.). Von Landrichter Dr. H. Delius. 1901. 8°. (147 S.) Kart. 2 M.

Das Recht der Handlungsgehilfen und Handlungslehrlinge auf Grund des Handelsgesetzbuches, der Reichs-Gewerbeordnung, der Reichs-Versicherungsgesetze und des bürgerlichen Rechts dargestellt für Juristen und Kaufleute. Von Rechtsanwalt Hugo Horrwitz. 2. vollständig neubearbeitete Auflage. 1905. (203 S.) Geb. in Leinen 3 M.

Handelsgesetzbuch vom 10. Mai 1897 nebst Abdruck des Gesetzes über die Angelegenheiten der freiwilligen Gerichtsbarkeit und Gerichtsverfassungsgesetz (Titel 7, Kammern für Handelssachen). Zu praktischem Gebrauch dargestellt von Oberlandesgerichtsrat H. Königs. 1899. 8°. (410 S.) Geb. in Leinen 4 M. 50 Pf.

Das **Kommunalabgabengesetz** vom 14. Juli 1893. Für den praktischen Gebrauch mit einer geschichtlichen Einleitung und Erläuterungen versehen, sowie mit einem die Ausführungsanweisung berücksichtigenden Nachtrag. Kommentar von Oberbürgermeister Dr. Franz Adickes. 1894. 8°. (417 S.) Kart. 6 M.

Das **Absonderungsrecht im Konkurse** mit besonderer Berücksichtigung des preußischen und gemeinen Rechts, systematisch dargestellt von Oberlandesgerichtsrat Dr. Th. Wolff. 1892. gr. 8°. (542 S.) 10 M.

Konkursordnung mit Einführungsgesetz, Nebengesetzen und Ergänzungen in der Fassung des Gesetzes vom 17. Mai 1898. Kommentar von Oberlandesgerichtsrat Dr. Th. Wolff. 1900. gr. 8°. (555 S.) 11 M., geb. in Leinen 12 M.

Die Kurtaxe. Betrachtungen über ihre rechtliche Natur. Von Professor J. Kohler. 1902. gr. 8°. (52 S.) 1 M.

Das **Wohnungsmietrecht** nach dem Bürgerlichen Gesetzbuch. Zum praktischen Gebrauch für Juristen, Hausbesitzer und Mieter bearbeitet von Rechtsanwalt und Notar Th. Loomann. 1900. 8°. (144 S.) 2 M.

Der Raritätenbetrug. Von Dr. Hanns Gross, Universitäts-Professor. 1901. gr. 8°. (296 S.) 6 M.

Polizei und Publikum. Eine Darstellung der beiderseitigen Rechte und Pflichten an der Hand der grundlegenden Bestimmungen für die Ausübung der örtlichen allgemeinen Verwaltungspolizei in Preußen. Von Bürgermeister M. Koehne. 1897. 8°. (144 S.) Geb. in Leinen 2 M. 75 Pf.

Patentgesetz und Gesetz, betreffend den **Schutz von Gebrauchsmustern.** Von Justizrat Dr. A. Seligsohn. 2. Auflage. 1901. gr. 8°. (557 S.) 12 M., geb. in Leinen 13 M.

Die **Tätigkeit der Polizei in Strafsachen** auf Grund der Reichsjustizgesetze und des Preußischen Rechts für Polizeiverwalter und Polizeibeamte. Von Oberverwaltungsgerichtsrat St. Genzmer. 4. Auflage. 1900. 16°. (117 S.) Kart. 90 Pf.

Beschwerde und **Klage** sowie sonstige **Rechtsmittel** gegen polizeiliche Verfügungen und Zwangsmaßregeln. Gemeinverständlich dargestellt und durch Beispiele erläutert von Oberverwaltungsgerichtsrat B. von Kamptz. 1894. 12°. (93 S.) Kart. 1 M. 20 Pf.

Dienstunterricht für Polizei-Exekutiv-Beamte. I. Teil. Strafgesetzgebung (Gerichtsverfassung, Strafprozeßordnung, Strafgesetzbuch). Von Polizeiinspektor R. Segger. 1900. 8°. (308 S.) Kart. 2 M.

Die Registratur. 2. Auflage. 1906. Von Hermann Kollrack, Kgl. Polizeisekretär am Berliner Polizeipräsidium. 8°. (84 S.) Kart. 1 M. 40 Pf.

Rechtsbrevier für deutsche Ehefrauen. 52 Merksprüche aus dem Bürgerl. Gesetzbuch mit Erläuterungen. Von Dr. jur. Emilie Kempin. 8°. (62 S.) Kart. 1 M.

Verwaltungs-Hygiene. Ein Handbuch der öffentlichen Gesundheitspflege für Verwaltungsbeamte. Von Dr. A. Pfeiffer. 1895. gr. 8°. (228 S.) 5 M., geb. in Leinen 6 M.

Handbuch des Vormundschaftsrechts. Unter Berücksichtigung der Ausführungsgesetze der deutschen Bundesstaaten. Von H. Schultetus, Landgerichtsrat in Rostock. 1899. 8°. (261 S.) 4 M., geb. in Leinen 4 M. 60 Pf.

Die Pflichten des Waisenrates. Ein praktischer Leitfaden für Waisenräte und Verwaltungsbeamte. Von F. Baum, Geh. Justizrat und Vormundschaftsrichter. Achte vermehrte und verbesserte Auflage. 1906. 8°. (46 S.) 60 Pf.

Wechselstempelsteuer und ihre Reform. Eine kritische Studie. Von Dr. jur. Eug. Jacobsohn. 1906. gr. 8°. (47 S.) 1 M.

Der Vormund, Gegenvormund, Pfleger u. Familienrat. Nach dem Bürgerlichen Gesetzbuch, dem Reichsgesetz über die Angelegenheiten der freiwilligen Gerichtsbarkeit und dem Ausführungsgesetz zum BGB. Ein praktischer Leitfaden. Von F. Baum, Geh. Justizrat und Vormundschaftsrichter. 1899. 8°. (64 S.) 50 Pf.

Gesetz zum **Schutz der Warenbezeichnungen** vom 12. Mai 1894, nebst Ausführungsbestimmungen. 2. Auflage, bearbeitet von Dr A. Seligsohn in Gemeinschaft mit Rechtsanwalt Martin Seligsohn. 1905. gr. 8°. (353 S.) 7 M., geb. 8 M.

Anleitung zur **Bildung öffentlicher Genossenschaften zur Ent- und Bewässerung** von Grundstücken für Zwecke der Landeskultur in den preuß. Provinzen nebst den in Betracht kommenden Gesetzen und Ministerialerlassen. Zugleich ein Handbuch des landwirtschaftlichen Wasserrechts für jedermann. Von Regierungsrat Dr. Bernh. Weddige. 1887. 8°. (300 S.) 4 M. 50 Pf.

Das **Wildschadengesetz.** Vom 11. Juli 1891. Kommentar von Dr. A. Holtgreven u. Dr. Th. Wolff. Vierte vermehrte und verbesserte Auflage. 1902. 8°. (224 S.) 4 M., geb. in Leinen 4 M. 50 Pf.

Belehrung über den Wucher. Ein Schutz gegen Schädigung mit Fingerzeigen für jedermann. Nach dem neuen Wuchergesetz bearbeitet von Carl Pfafferoth, Geh. Kanzleirat im Reichsjustizamt. 1893. 8°. (38 S.) 50 Pf.

Das **Reichsgesetz zur Bekämpfung des unlauteren Wettbewerbs** nebst den ergänzenden Bestimmungen des Bürgerlichen Gesetzbuchs. Kommentar von Justizrat Albert Pinner, 1903. gr. 8°. (189 S.) 5 M., geb. in Leinen 6 M.

Verfassung des Deutschen Reichs. Mit Einleitung und Kommentar. Dritte, stark vermehrte und verbesserte Auflage. Von Prof. Dr. A. Arndt. 1907. 8°. (436 S.) 4 M., geb. in Leinen 5 M.

Das Preußische Versammlungs- und Vereinsrecht. Systematisch dargestellt. Von Staatsanwaltschaftsrat Dr. Paul Caspar. 1894. 8°. (130 S.) 2 M.

Handbuch für Vereine bei Aufstellung, Beratung und Änderung der Vereinssatzung auf Grund der §§ 21—79 des Bürgerlichen Gesetzbuches. Mit erläuternden Anmerkungen, einer sachlichen Einleitung sowie einem Satzungsentwurf versehen von Paul Behrens. 1899. 8°. (57 S.) kart. 1 M.

Die **Rechtsverhältnisse der geschlossenen Gesellschaften und Vereine** nach preußischem Recht unter besonderer Berücksichtigung der Befugnisse der Polizeibehörden. Von Dr. H. Delius, Landrichter. 1902. 8°. (85 S.) kart. 1 M. 60 Pf.

Wie leitet man eine Versammlung? Geschäftlicher Handweiser für Vorsitzende. Von einem Mitgliede des deutschen Reichstages und des preußischen Abgeordnetenhauses. Zweite Auflage. 1908. 12°. (93 S.) kart. ca. 1 M.

Handbuch zum Verfahren der Zwangsversteigerung und Zwangsverwaltung nach dem Reichsgesetz v. 24. März 1897 (Fassung vom 20. Mai 1898). Ein Hilfsbuch für die Praxis und ein Lehrbuch für jüngere Juristen von Amtsgerichtsrat M. R. Samter. 1904. gr. 8°. (392 S.) 8 M. 50 Pf., geb. in Halbfr. 10 M.

Praktischer Ratgeber für Dienstherrschaften nach dem Preuß. Gesinderecht unter Berücksichtigung den neueren Entscheidungen bearbeit von H. Grieber, Verwaltungsdirektor a. D. und Bürgermeister. 1908. 1 M.

Schlagwort-Register.

R. = Nummer der Sammlung Deutscher Reichsgesetze.
P. = Nummer der Sammlung Preußischer Gesetze.
S. = Seite.

Kolibri 360 GmbH
Ferdinand-Jühlke-Straße 7
99095 Erfurt, Deutschland
produktsicherheit@kolibri360.de